어웨이크

어웨이크

A W A K E

김유진
지음

이 새벽,
세상에 나서기 전
하나님과
둘만의 시간

 북폴리오

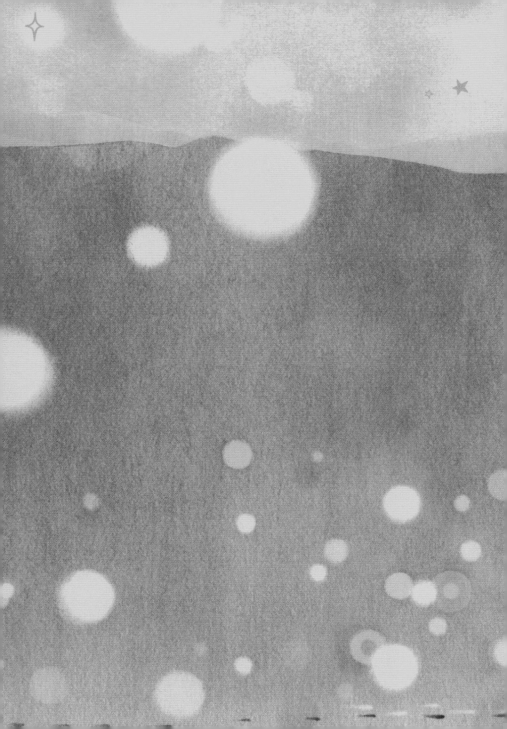

하나님 아버지, 저를 사용해주셔서 감사합니다.

이 책을 통해 하나님의 사랑을 알릴 수 있게 해주셔서 감사합니다.

이 모든 영광을 하나님께 드립니다.

또 이르시되 너희는 온 천하에 다니며 만민에게 복음을 전파하라 [마가복음 16:15]

He said to them, "Go into all the world and preach the gospel to all creation."

[Mark 16:15]

여호와께 감사하고 그의 이름을 불러 아뢰며

그가 하는 일을 만민 중에 알게 할지어다 [시편 105:1]

Give praise to the LORD, proclaim his name;

make known among the nations what he has done. [Psalm 105:1]

《어웨이크Awake》를 준비하면서 정말 많은 영적 시험을 경험했습니다. 마치 이 책이 세상에 나와서는 안 된다는 듯, 사탄은 끊임없이 집중력을 흔들었습니다. 하지만 집필하는 내내 대단히 행복하고 즐거웠습니다. 이 원고를 매개로, 자나 깨나 하나님을 생각할 수 있었기 때문입니다. 하나님이 주시는 은혜 속에서 평안을 느꼈습니다.

'아, 하루 종일 하나님만 생각하면 이렇게 행복하구나.'

사탄의 시험이 강해질수록 더욱 하나님께 의지하며 집중했고, 덕분에 그분께 더 가까워질 수 있었습니다. 참 신기했어요. 사탄은 정확히 어떻게 나를 흔들어야 하는지 너무 잘 알고 있었습니다. 하지만 책을 집필하는 동안 정말 많은 하나님의 사랑을 느꼈습니다. 여러 시험을 겪는 과정 중 승리를 위해 꿋꿋이 기도했고, 보호받을 수 있었습니다. 간혹 잠깐 주저앉기도 했지만 하나님께서는 바로 내 손을 잡아주셨습니다.

이 책을 준비하면서 가장 큰 은혜의 순간은 내 과거를 돌아보며 하나님의 발자국을 볼 수 있었다는 것입니다. 당시에는 몰랐지만 이제야 하나님의 계획을 알게 되었습니다. 모든 것이 하나님의 은혜였습니다.

수년간 유튜브를 하면서 단 한 번도 하나님 사랑을 고백한 적이 없었기 때문에, 구독자들을 포함한 많은 지인분들은 내 간증과 이 책이 뜬금없고 갑작스럽게 느껴질 수도 있습니다. 저도 그렇습니다. 하지만 하나님께서는 이 순간을 위해 오랜 시간을 준비해주셨습니다.

《나의 하루는 4시 30분에 시작된다》와《지금은 나만의 시간입니다》를 읽다 보면 어딘가 연결이 명확하지 않은 부분이 있었을 것입니다. 이 책은 바로 그 부분, 전작들에서 설명할 수 없었던 그 빈칸을 채운 간증입니다. 평범한 일상에 은밀하게 개입하신 하나님의 사랑, 이해할 수 없는 이유로 맞이하게 되는 문제들, 그리고 그 문제들을 해결하면서 하나님과 동행한 과정을 공유하고자 합니다. "변호사님은 새벽에 어떻게 일어나요? 왜 한국으로 돌아온 거예요? 시험에 낙방하고 다시 공부할 때는 어떤 마음이었나요? 원하는 걸 하지 못하거나 얻지 못했을 때 어떻게 했나요? 갑자기 왜 간증 영상을 올리죠? 궁극적인 삶의 목표가 무엇인가요?" 등. 독자들이 내 전작들을 읽으면서 궁금해했던 것에 답하며 이를 통해 하나님 사랑을 고백하려고 합니다.

"굳이 유튜브에 신앙 간증을 올리지 않아도 되잖아요? 전 보기 싫어요. 그냥 브이로그만 올려주면 좋겠어요. 구독자 생각은 안 하나요?"

그냥 조용히 기도하고, 조용히 예배드리고, 조용히 하나님과의 관계를 이어가면 되는 것 아닌가? 사실 하나님 사랑을 왜 공유해야 하는지 나 역시 이해할 수 없었습니다. 나만의 아버지, 나만의 비밀스러운 공간을 가지고 있듯 항상 조용히 기도했고 몰래 신앙 생활을 했습니다. 슬플 때 하나님을 향해 울부짖었고, 행복할 때 하나님께 영광 돌렸으며, 하루하루를 살아내기 위해 하나님의 이름을 불렀습니다. 내 신앙은 딱 거기까지였습니다.

나만의 하나님이니까. 굳이 다른 사람들에게 알리거나 언급하지 않아도 나를 향한 하나님의 사랑은 변하지 않았습니다. 그래서 다른 사람이 하나님을 생각하는 기준에 대해 관심도 없었고 딱히 염려하지도 않았습니다.

그런데 지금 내가 이 책을 쓰고 있습니다. 누구를 위해 이 책을 쓰게 하시는 것인지는 모르겠습니다. 하지만 확실한 건 이 책을 통한 계획이 있으시다는 것입니다. 나는 마냥 확신을 가지고 하나님의 뜻을 좇기로 했습니다. 나머지는 알아서 하실 것이라 믿고, 그저 하나님께서 주시는 마음을 따르기로 약속했습니다.

여러 번 답을 찾고자 기도하고 묵상하고 하나님을 불렀습니다. 처음에는 이 상황이 믿기 어려워 내게 주시는 마음을 혼자만의 착각이라 여겼습니다. 딱히 이 책을 써야 할 이유를 찾지 못했고, 굳이 내가 아니어도 된다는 생각에 하나님이 주시는 마음을 부정했습니다. 그리고 보니 매번 이런 식이었습니다. 이런저런 핑계를 대며 결국 내가 원하는 대로, 내가 생각하는 대로 살 때가 많았습니다. 하지만 이번에는 달랐습니다. 하나님께서 강한 마음을 주셨습니다. 그리고 기도할 때마다 늘 같은 마음을 주셨습니다. 더는 의심조차 들지 않았습니다. 아주 오래전부터 계획하신 일임을 확신했습니다. 내가 이제껏 걸어온 길이 지금 이 순간을 위해 필요한 과정이었음을 깨닫게 해주셨습니다. 걸어온 그 길을 되새겨보니 이제야 보였습니다. 그 길에는 하나님의 발자국이 선명하게 남아 있었습니다.

이 책을 쓰기로 결정하기까지 꽤 많은 시간이 걸렸지만, 하나님의 부르심을 확신한 순간부터는 고민이 되지 않았습니다. 어떻게 이런 마음을 주셨는지는 설명할 수 없습니다. 하지만 이 책을

통해 무언가 행하시려 한다는 믿음 자체가 큰 용기와 자신감을
주었습니다.

하나님께서는 든든한 지원군을 보내주셨습니다. 많은 목사님
들이 기도해주기 시작했고, 함께 작업할 출판사도 하나님께서 선
정해주셨습니다. 그리고 온전히 하나님께 집중하는 시간을 보내
면서 성령이 충만할 수 있도록 은혜와 깨달음을 주셨습니다.

지난 36년간 걸어온 나의 길, 나의 모든 생각, 내가 느낀 모든
감정은 그저 단순한 삶의 경험이 아니었습니다. 그 모든 것들이
바로 이때를 위한 하나님의 계획 안에 있었음을 명확하게 보여주
셨습니다. 물론 나와 비슷한 경험을 한 사람들도 많을 것입니다.
하지만 전부 같은 부르심Calling을 받는 것은 아니기에 나는 기꺼
이 이에 응답하기로 했습니다.

왜 나를 선택하셨을까? 왜 이 책을 쓰게 하시는 걸까? 여러 번
여쭈었습니다. 하나님은 지금 이 순간을 위해 오랜 시간 훈련시
키셨습니다. 하나님은 나를 너무 잘 아셨습니다. 하나님의 부르심
에 예민하게 반응할 것을. 그리고 게으름 피우지 않고 직접 실천
할 아이라는 것을. 내게 심어주셨던 모든 성격, 감정, 취향, 생각까
지 전부 고려해 '지금 해야 할 일이 있다'는 것을 알려주셨습니다.

최근에서야 하나님의 뜻이 있음을 깨닫게 되었습니다. 참으로
오랜 시간 나는 하나님을 오해했습니다. 하나님의 계획을 알 수

없었기에 의심했습니다. 왜 미리 계획을 알려주시지 않았는지, 왜 나는 하나님의 계획을 미리 알 수 없었는지 많은 의문이 들었습니다. 어쩌면 하나님은 이미 여러 번 이야기하셨지만, 내가 듣지 못하고 믿지 못한 것일 수도 있습니다. 하지만 이제는 조금 알 것 같습니다. 적어도 이 책을 집필하는 동안에는 지금 내가 무엇을 해야 하는지 정확하고 명확하게 알려주셨습니다.

살면서 단 한 번도 내가 간증의 책을 집필하리라고 상상해본 적이 없었습니다. 나도 아직 하나님을 잘 모르는데, 그런 내가 하나님 사랑을 누군가에게 전한다니 말도 안 되는 이야기였습니다. 하지만 두려움 없이 확신하며 책을 쓰는 것만으로도 하나님의 역사하심 없이는 불가능한 일이기에, 더는 지체하지 않고 그분께서 주신 마음을 따르기로 했습니다.

이렇게 쓰임받을 줄 알았다면 평소에 좀 더 준비할걸 하는 아쉬움이 들었습니다. 그러나 한편으로는 미리 계획을 알았다면 그것을 그대로 따르기 힘들었을지도 모른다는 생각이 듭니다. 분명 거절하거나 내 방식대로 해석했을 것입니다. 내 기준대로, 세상 사람들이 원하는 대로 준비했을 겁니다. 틀림없이 의심부터 했을 것이고, 현실적으로 이득이 되는 일을 따르며 하나님 계획을 거부했을 것입니다. 그래서 아무도 모르게, 조용히 은밀하게 내 삶에 개입해 나를 그렇게 훈련시키고 단련시키셨나 봅니다.

그분의 가장 강한 훈련은 세상 기준에서 벗어날 수 있는 사람이 되게 하신 것입니다. 이제서야 왜 그렇게 하셨는지 알 것 같습니다.

여러분, 그거 아세요? 제각각 다른 색깔로 그려진 우리의 모든 경험이 주님의 은혜입니다. 지금 당장은 아니더라도, 문득 우리가 걸어온 길을 돌아보면 내 발자국 바로 옆에 찍혀 있는 하나님의 발자국을 발견할 때가 있습니다. 그때 비로소 '하나님이 우리와 동행하셨구나' 하는 생각이 들 것입니다.

하나님께서 《어웨이크》를 어떻게 활용하실지는 모르겠습니다. 이 책이 누구를 위한 것인지, 책을 통해 어느 누구의 마음에 감동을 주실지 모르겠습니다. 다만 가장 큰 목적은 '나와 하나님의 이야기를 통해, 하나님이 우리 각자에게 주신 선물을 찾아갈 수 있도록 안내하는 것'입니다. 이미 주어졌지만 우리가 찾지 못한 그 선물들 모두를, 이 책을 통해 꼭 찾아낼 수 있길 바랍니다.

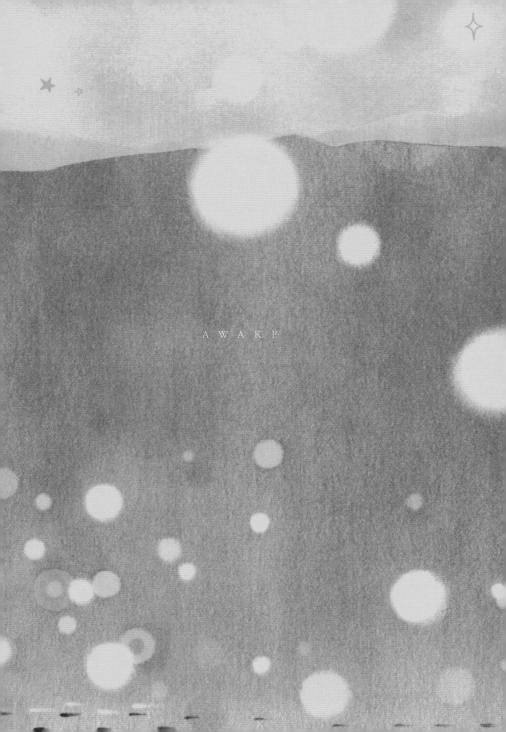

AWAKE

목차

PART 3 · ✦ 하나님의 발자국을 보다

PART 4 · ✦ 하나님이 나의 삶에 개입하실 때

PART 5 · ✦ 나와 같은 고민을 하고 있는 당신에게

Prologue

무거운 그 가방,
내게 맡겨주면 안 되겠니?

내게 새벽 기도란 오늘 하루 온종일 메고 다닐 가방을 정리하는 것과 같다. 나도 모르는 사이 채워지는 걱정과 불안감은 덜어내고, 가방을 가볍게 만들어 들고 나갈 준비를 하는 것이다.

　어느새 쌓여 있던 쓰레기부터 내려놓지 못한 욕심들, 필요 없는데도 가지고 있지 않으면 뒤처진다는 생각에 무겁게 들고 다닌 내용물을 정리한다. 매일 이처럼 정리해도 하루를 마무리할 때쯤에는 또 다른 물건들이 가방을 가득 채운다. 점점 무거워지는 가방. 이렇게 날마다 한 번씩 정리하지 않으면 늘어난 무게만큼 내 삶도 무거워졌다.

　하지만 요즘 내 가방은 달콤한 초콜릿과 과자, 엄마가 싸준 도시락 등 하루를 즐겁게 해주는 것들로 가득하다. 무거운 짐은 모두 하나님께 내려놓고, 즐겁고 행복한 것들로만 가방을 채운다.

가방의
무게

나는 무거운 가방을 메고 다니는 게 익숙하다. 교재부터 시작해서 예전에 참고했던 책들, 앞으로 읽을 책들 등 '혹시나 필요하지 않을까?' 하는 불안감에 항상 많은 걸 챙겨 다닌다.

이 책에서 가방은 곧 내 마음과 같은 말이다. 나는 마음속 여러 공간에 무거운 짐을 채워 넣고 다니는 게 익숙했다. 진로 걱정, 성적 걱정, 주변 사람들의 시선 걱정, 금전적인 걱정, 부모님 걱정은 기본이고, 여태 받았던 상처, 서운했던 일, 아쉬워했던 순간, 후회스러웠던 행동을 놓지 못한 채 안고 살았다.

여기에 더해 '지금 내가 간절히 원하는 것들'은 더더욱 놓지 못했다. 앞으로 갖고 싶은 걸 얻기 위해 해야 할 일, 이를 위한 목표와 계획, 그리고 다른 사람들의 칭찬을 받기 위해, 그들의 부러움을 사기 위해, 그 사람들보다 더 나은 사람이 되기 위해 당장 필요하지 않은 온갖 것들을 마음속 가방 안에 가득 넣어 둘러멨다.

굳이 가방에 비유하는 이유가 있다. 실제로 매일 메고 다니던 가방 속 묵직한 물건들과 함께, 겉으로는 보이지 않아도 한가득 짊어져 어깨를 축 처지게 했던 그 마음을 표현하기 위해서다. 언뜻 보기엔 그냥 가방일 뿐이다. 가방 안에 무엇이 들었는지는 보이지 않는다. 나는 어깨를 짓누르는 이 가방을 소중히 여기면서 지난 수십 년간 매일 안고 다녔다.

이 가방 때문에 육체적으로도, 심적으로도, 정신적으로도, 신앙적으로도 참 많이 힘들었다. 아무리 마음을 다잡아보아도 온종일 가방을 메고 다니는 날이면 설명할 수 없는 고통과 함께 마음과 머릿속까지 피곤해졌다.

마음먹고 가방을 정리한 날도 물론 있었다. 하지만 애써 정리하고 또 정리해도 짐은 줄지 않았다.

'이건 내게 꼭 필요한 거고, 이건 내일 해야 할 일이고, 이건 잃어버리면 안 되니까 꼭 넣어 둬야 하고, 음…. 이건 분명 쓸 일이 있을 거야. 이건 쓸 일은 없는데, 그래도 혹시 모르니까 가지고 다녀야지.'

그 나름의 설득력 있는 이유들이었다. 나는 항상 준비되어 있어야 했다. 미리미리 생각하고 계획하고 준비해야 했기에 가벼운 가방을 들고 다닌다는 것 자체가 나를 허전하게 만들었다. 이런 사실을 그 누구에게도 티 낸 적은 없다. 그러다 보니 아무도 내 무거운 짐을 알지 못했다.

내겐 이 무거운 가방이 참 소중했다. 그래서 무겁고 힘들어도 매일 메고 다녔다. 가방 속 모든 물건들은 내 삶을 증명했다. 이 자리에 있기 위해 필요했던 물건들을 가방에서 빼는 것이 싫었다. 나는 매 순간, 틈날 때마다 가방을 열어 무거운 짐을 확인하고 또 확인했다.

그러나 하나님만큼은 내 무거운 짐을 알고 계셨다. 그래서일까? 번번이 다양한 방법으로 "네 짐을 나에게 맡기라" 하셨다. 하지만 나는 절대 놓지 않았다.

욕심을 냈다. 그 모든 것들이 꼭 필요한 것이라 여겼고, 이렇게 모조리 들고 다녀야 필요한 순간에 바로 사용할 수 있을 것 같았다. 무엇보다 나는 아무리 무거워도 버틸 수 있다고 생각했다. 내 힘으로 다 할 수 있을 것이라 자신했고, 불필요하더라도 꼭 쥐고 있어야 한다고 믿었다. 그래야 불안한 미래를 대비할 수 있을 듯 했다.

✦

나는 왜 이 무거운 가방을 내려놓을 수 없었던 걸까? 왜 하나님께 맡길 수 없었을까?

가방을 놓는 순간 쥐고 있던 기회를 잃고 가난해질 것 같았다. 이 세상을 살아가려면 꼭 필요한 것들이라 생각했기에 그걸 놓는 순간 뒤처지고 실패자가 될 것 같았다. 우리 모두 그럴 때가 있지 않은가? 내려놓는 행위 자체를 '포기'라고 생각하는…. 나는 포기하는 자가 되지 않기로 여러 번 다짐했고, 실제 세상은 포기란 단어를 용납하지 않았다.

"포기하면 안 돼!", "돈은 많이 벌어야 하지", "사회적 지위는 높을수록 좋아", "사람들에게 사랑받아야 해", "이건 양보하면 안 돼", "네 가치를 낮추지 마!", "계속해! 저 사람은 저렇게 잘하는데 넌 뭐 하고 있는 거야!"

그렇다. 모두가 말하는 대로 하면 문제없었다. 좋다는 건 하면 되고, 유행이라면 따르고, 하면 안 된다는 건 안 하면 됐다. 세상이 외치는 말을 기준 삼아 그것을 목표로 정하면 내가 정확히 무엇을 어떻게 해야 하는지 알 수 있었다.

무엇을 하든 점수는 100점을 목표로. 모두가 알 만한 명문 학교는 가야 실력자. 연봉 몇천만 원이면 신용 몇 등급. 나이에 맞게 승진해야 하고, 늦어도 30대 초반에는 결혼을 해야 하고, 영어는 기본, 골프와 테니스를 칠 줄 알아야 사회생활에 도움이 되고,

30대 후반에는 자기 이름 앞으로 주택 하나 정도는 있어야 하고, 직업은 고위 공무원이나 '사' 자가 들어간 전문직이 최고….

주변 사람들은 물론 각종 SNS도 우리 삶을 이런 식으로 정의한다. 물론 세상이 정해준 기준대로만 하면 굳이 '나는 어떤 삶을 살아야 할까?', '무엇을 목표로 삼아야 할까?'라는 생각에 잠겨 시간 낭비를 하지 않아도 된다.

그런데 문득 의문이 들었다.

모두가 하라는 대로 다 하고 있는데 왜 내 가방은 점점 무거워지는 걸까? 왜 걱정은 쌓이기만 할까? 왜 내 마음대로 되지 않는 걸까? 모두가 가는 길, 옳다는 길로 가고 있는데 왜 내가 바라는 것과 다른 결과가 나올까? 만약 모두가 맞는 거라고 말하는 그 길이 진정 내게도 맞는 거라면 나한테도 그들과 동일하게 성공이 주어져야 하고, 그들이 잘한 만큼 나 역시 최선을 다했으니 만족스러운 결과가 나와야 하는데 왜 그렇지 않을까?

불안해졌다. 채우면 채울수록 불안해졌다. 그렇게 가방은 점점 더 무거워져만 갔다. 어느 순간 가방 개수까지 늘었다. 어깨에 가방을 멘 채 양손에는 다른 가방을 들었다. 그리고 또 다른 가방이 생기면 양쪽 겨드랑이 사이에 끼웠다. 다시 새로운 가방이 생기면 무슨 수를 써서든 질질 끌고 다녔다. 내 몸과 마음엔 단 한 줌의 여유조차 생길 틈이 없었다.

힘들어도 버틸 수 있었다. 사람들의 칭찬 때문이었다.

"와, 너는 가진 게 참 많구나! 아는 것도 많고, 열정도 넘치고, 준비도 철저하고 정말 대단해!" 모두가 꽉 찬 내 가방을 부러워했다. 그러면서 겉으로 보기에는 뭔가 대단한 게 들어 있을 것 같은 가방 속 내용물을 궁금해했다.

하나님은 내려놓으라고, 맡기라고 하셨는데 나는 그들의 칭찬을 더 선호했다. 칭찬의 강도를 유지하려고 가방을 더욱 많이 채워 한시도 내려놓지 않았다. 또 하나의 이유, 어쩌면 가장 큰 이유는 스스로 컨트롤하는 게 익숙해졌기 때문이었다. 손을 떠나면 더는 내가 통제할 수 없을까 불안해했다. 나를 가장 잘 아는 사람은 나 자신뿐이라고 믿었기에, 내려놓는 순간 무슨 큰일이라도 날까 두려웠다. 내가 소유한 물건, 내가 만들어낸 걱정과 불안감, 내가 앞으로 이루고자 하는 목표와 꿈들. 이 모든 걸 직접 짊어지고 가는 것이 의무이자 최고의 방법이라 믿었다.

하나님은 "그 가방을 내게 온전히 맡기라"며 여러 차례 나를 흔드셨다. 때로는 가방 속 문제들을 하나씩 꺼내 가시기도 했다. 하지만 그때마다 난 "왜 자꾸 나를 힘들게 하시나요?"라며 원망했다. 그리고 "혼자 할 수 있어요", "나는 해낼 수 있어요", "포기하지 않을 거예요", "나만 열심히 하면 모두 다 이뤄질 거예요", "더 잘할게요", "하나님 실망시키지 않을게요"라고 외쳤다. 이 세상이 요구하는 "열심히, 최선을 다해서, 끝까지 포기하지 말고!"는 마음에 품고, 정작 성경을 통해 여러 번 강조하셨던 "하나님께 맡기라"는 말씀에는 등을 돌렸다.

"하나님, 왜 이렇게 버거울까요? 저는 열심히 잘하고 있는데, 잘못하는 게 없는 것 같은데요…. 정말 최선을 다했거든요? 그런데 또 이렇게 힘들어하고 있어요. 하나님께 어떻게 내려놓아요?"

하나님께서는 여러 번 말씀하셨다. 가방 대신 하나님 손을 잡으라고. 하지만 이 세상의 기준에 너무 익숙해진 나는 하나님께 내려놓는 방법을 알지 못했다.

네 짐을 여호와께 맡기라 그가 너를 붙드시고 의인의 요동함을 영원히 허락하지 아니하시리로다 [시편 55:22]

Cast your cares on the LORD and he will sustain you; he will never let the righteous be shaken. [Psalm 55:22]

내 멍에는
쉽고
내 짐은
가벼움이라

어느새 여러 개가 되어버린, 그 묵직한 가방들에 대해 살펴보려고 한다. 여기선 내 이야기를 가방에 빗대 풀어가고 있지만, 책을 읽고 있는 모든 분들이 공감할 것이다. 우리의 내일을 두렵게 하는, 밤새 눈물 흘리게 만드는 그 기분 나쁜 무게감에 관한 이야기다.

무엇보다 가장 무거웠던 건 '욕심의 가방'이었다. 아무와도 나누기 싫은, 내 가방에 넣지 않으면 분명 다른 사람에게 빼앗길 것만 같은 감정으로 가득 차 있었다. 때로는 굳이 내가 갖지 않아도 되는 것조차 혹시 나중에 필요할지 모른다는 이유로 손에 쥐려 했다. 하나님께서 '네게 도움이 안 되니 내려놓으라'는 마음을 주셔도 소용없었다. 세상에서 쟁취해낸 것들을 누가 빼앗을까 더 꽉 쥐었다. 굉장히 많은 노력 끝에 얻었던 것들이라 쉽사리 놓을 수 없었다.

'걱정의 가방'도 꽤 무게가 나갔다. 아직 일어나지도 않은 일들에 대한 걱정으로 가득했다. 학창 시절에는 성적, 취업, 금전 걱정, 직장인이 되어서는 인간관계, 승진, 연봉, 가족에 대한 걱정이었다. 사실 하나님은 걱정과 불안이라는 감정을 주신 적이 없는데, 나 혼자 가슴 졸이며 미래를 두려워했다.

'과거의 가방' 속은 미움과 상처, 그리고 안 좋은 기억들로 가득 차 있다. '저 사람…. 꼭 복수할 거야.' 누군가를 향한 미움도 있었다. '어떻게 나한테 이럴 수 있지? 배신자. 절대로 잊지 않을 거야.' 마음에 상처를 입을 때마다 생기는 감정이었다. 잊을 만하면 다시 꺼내 확인했고, 치유하려 하기보다는 최대한 방치해 더 곪게 만들었다. 물론 좋은 추억들도 많았다. 하지만 그조차 짐이 되었다. '그날이 다시 올 거야. 그때가 좋았으니까 그날로 꼭 돌아가야지!' 인간의 기억에는 한계가 있기에, 시간이 지나면서 가벼워지기도 했다. 그러나 이 가방이 가벼워진다는 사실 자체가 문제라고 여겼기에, 또다시 좋지 않은 감정으로 꽉꽉 채우곤 했다.

'인식의 가방'도 있다. 이 가방은 사람들 눈에 값져 보이는 것들로 가득했다. 나를 근사하게 보이기 위한 것들 말이다. 적당량을 유지한다면 '자기관리'로서 의미가 있을 수도 있지만, 남을 인식하다 보면 오버하기 마련이다. 예를 들면 옷, 화장품 등 외적으로 잘 보이기 위한 것들이 그렇다.

'행복의 가방'은 크지 않고, 무게도 전혀 나가지 않았기에 뒷주머니에 넣고 다녔다. 간혹 내가 들고 있다는 사실을 잊을 때도 있었다. 다른 무거운 가방에 신경 쓰느라 정작 가장 중요한 이 가방에는 특별히 관심을 두지 않았던 것 같다.

이런 여러 가방들 속에는 몇 년 동안 메고 다니면서 꺼내본 적도, 사용한 적도, 필요한 적도 없는 내용물이 많았다. 하지만 나는 끊임없이 담고 또 담았다. 도무지 비워낼 수가 없었다. 그럴수록 가방은 무거워지고 온갖 것들이 뒤섞여 가득 찼다.

이렇듯 한껏 쥐고 있다 보니 하나님의 말씀, 음성, 인도하심을 받을 여유가 생길 리 없었다. 크나큰 욕심과 내려놓지 못하는 문제들로 결국 하나님의 선물을 받지 못했다. 그냥 하나님이 날 위해 준비해 두신 선물로 바꿔 쥐면 되는 거였다. 하지만 나는 그러지 못했고 혼자 힘들어했다. 무엇보다 하나님의 말씀이 잘 들리지 않았다. 머릿속이 자신을 위한 욕망과 욕심으로 가득 찼기 때문이었다. "내게 맡기라, 내게 모두 내려놓으라"는 하나님 말씀을 머리로는 알고 있었다. 하지만 정말 그냥 맡겨도 괜찮은 걸까?

✦

결론부터 말하면, 지금 난 그 가방을 내려놓은 상태다. 조금 더 정확히는 하나님께 맡길 가방 자체가 사라졌다고 표현하는 게 맞겠다. 가방 대신 하나님의 사랑을 붙잡는 방법을 알았달까.

그 방법이 뭘까? 어떻게, 그리고 왜 이제서야, 몇 년 동안 메고 다닌 짐을 내려놓을 수 있게 된 걸까? 단순하게는 '믿음이 더 좋아진 것'이라고 생각할 수 있을 것이다. 또 '힘드니까, 상황을 회피하기 위해 결국 하나님을 의지할 수밖에 없었던 것'이라고 생각할 수도 있을 것이다. 물론 그 말도 옳다. 험난한 세상을 살아가며 하나님을 의지하지 않았다면 당연히 더 어렵고 힘든 일상을 보냈을 것이다.

하지만 어느 날 갑자기 하나님의 응답을 받아 단번에 모든 일이 해결된 건 아니다. 갑자기 들고 있던 모든 가방을 한 번에 내려놓을 수 있게 하신 것이 아니라, 가방 안에 있던 짐들을 조금씩 하나씩 꺼내어 하나님께 맡기는 방법을 가르쳐주셨다. 짐 속에 담긴 의미와 그것이 왜 불필요한지, 왜 가방에서 꺼내야 하는지 일깨워주셨다. 그리고 짐을 내려놓을 때마다 생기는 마음속 빈 공간에 주님의 사랑과 은혜가 차곡차곡 채워졌다. 하나님은 내가 허전하지 않도록, 불안해하지 않도록 나를 잡아주셨다. 그렇게 꼭 쥐고 있던 것들을 내려놓으니 오히려 더 큰 성취감과 만족감을 얻었다. 놀라웠다. 하나님의 은혜라고밖에는 생각할 수 없었다. 한번 맛본 그 은혜의 경험은 이후 내 삶의 태도를 180도 바꿔놓았다.

하나님과 동행하면서 하나님을 알아갔다. 필요하고 힘들 때만 기도드리고 끝나는 것이 아니라, 매 순간 하나님과 소통했다. 슬픔, 어려움, 괴로움의 순간마다 하소연했고 때로는 기쁨, 즐거움, 행복을 공유하기도 했다. 하루하루 감사할 일들이 명확히 인식되었다. 이 세상이 주는 성과보다 하나님 선물을 기대하게 되었다. 그러다 보니 목표는 물론 생각과 가치관도 변할 수밖에 없었다. 가방을 주렁주렁 메고 다녀야 할 이유가 사라진 것이다.

지금 내 가방 속에 든 건 달콤한 초콜릿과 과자, 엄마가 싸준 도시락과 '오늘은 하나님이 어떤 하루를 주실까' 하는 기대감뿐이다. 하나님의 은혜에서 비롯된 즐겁고 행복한 것들로만 가득 차 있다.

"수고하고 무거운 짐 진 자들아 다 내게로 오라 내가 너희를 쉬게 하리라 나는 마음이 온유하고 겸손하니 나의 멍에를 메고 내게 배우라 그리하면 너희 마음이 쉼을 얻으리니"[마태복음 11:28-29]

AWAKE

PART 1

나의 새벽이 당신의 새벽과
조금 다른 이유

다른 일을 하느라 시간이 부족하고 정신없는 게 아니다. 하나님을 우선순위로 두지 않았기 때문이다. 하나님을 1순위로 두면 당장 해야 할 일이 무엇인지 보인다. 그리고 차순위로 무엇을 뒤야 할지 알 수 있다. 물론 '진심'이어야 한다. 할 일 다 끝내고 "당연히 하나님이 1순위지!"라고 외쳐봤자 자신을 속이는 억지일 뿐이다. 우리는 종종 자기가 가장 중요하게 생각하는 것들과 실제 행동이 일치하지 않는다는 사실을 깨닫는다. 이런 불일치를 최대한 내 삶에서 배제하고 싶었다.

이를 위해 새벽을 사용하기로 했다. 하루의 처음. 나는 가장 중요한 시간을 보낸다. 바로 기도하는 시간이다. 일상의 첫 번째 순서를 하나님께 드리면 소통할 시간이 확보된다. 이 시간을 통해 하나님과 오늘 하루를 어떻게 보내야 할지, 무엇을 어찌해야 할지 알 수 있다.

함께 들으면 좋은 찬양

"아버지의 사랑으로 이곳에서 사랑을 이어가네. 어딘가에서 부딪히고
또 다른 곳에서 넘어져도." 〈아버지의 사랑으로〉 中, WELOVE

"나 주님이 더욱 필요해. 이전보다 내 입술의 말보다 더욱 표현할 수 없네.
주가 필요해 필요해. 나의 호흡보다 나의 노래보다 나의 생명보다 주가 필요해."
〈나 주님이 더욱 필요해〉 中, Lindell Cooley & Bruce Haynes

새벽은
채움이 아닌
비움의 시간

하나님께 모든 걸 맡기기 전의 일이다. 어느 순간 내가 메고 있던 가방들의 무게가 삶에 직접적인 영향을 끼치기 시작했다. 해결 방법을 찾아야 했다. 책도 읽어보고 친구들과 선배들에게 조언도 구해보고, 내 나름의 방식으로 해결하고자 애를 썼다.

걱정하지 않는 방법, 상처받지 않는 방법, 생각 정리하기, 타인에게 신경 쓰지 않기 등 정말 여러 가지 해결책을 찾고 또 찾았다. 하지만 그 어떤 방법도 도움이 되지 않았다. 다 뻔한 이야기 같았다. 나만의 맞춤 해결책이 필요했다. 가방은 여전히 무거웠다. 그리고 점점 더 무거워지고 있었다.

그래도 지금까지 살면서 배워온 모든 경험과 지식을 동원해 꿋꿋하게 잘 버티기는 했다. 부지런한 성격이었기에 무슨 문제가 닥쳐도 어떻게든 (적어도 내가 옳다 생각한) 방법을 찾아낼 수 있었다. 명확한 정답은 아니지만 적당한 선에서 해결책을 타협하기도 했다.

서로 다른 수많은 사람들이 살아가는 세상이므로, 내 해결책이 남들의 것과 충돌하는 경우도 많았다. 때로는 어렵게 찾은 해결방안이 또 다른 문제를 낳기도 했다. 성인이 되고 사회생활을 하면서 점차 문제의 무게는 막중해졌다. 혼자 해결할 수 없는 일들도 갈수록 많아졌다. 가족이나 친구들과 수다 떨며 털어버릴 수준이 아니었다. 스트레스 해소 차원을 넘어 현실적으로 어떻게든 문제를 처리해야 하는 순간을 맞이했다.

아무리 노력하고 애를 써도 해결하기 힘든 문제들이 세상에 존재한다는 사실을 선뜻 이해할 수 없었다. 사람마다 생각하는 게 제각각 다르다 해도 끈기 있게 끝까지 열심히 하면 어떤 일이든 다 해결할 수 있다고 배워왔기 때문이다. 인간관계 역시 노력으로 관리할 수 있을 것이라 생각했다. 하지만 현실은 그렇지 않았다. 정답이 없는 문제들을 마주할 때마다 가방은 한없이 무거워졌다. 나는 이 묵직한 가방들을 짊어진 채 점점 더 깊은 굴 안으로 들어갔다.

불안한 가슴을 움켜쥐고 어두운 동굴 속을 헤매다 결국 하나님

앞에 무릎을 꿇었다. 제일 마지막 단계였다. 가장 먼저 찾아야 할 분을 가장 늦게 찾았다. 나도 모르는 새 그렇게 되었다. 반성한다. 하나님께 기도하는 것 외에는 해결 방법이 없었다.

그렇다. 내 마음대로 되지 않는 모든 것들은 하나님의 움직임이 있었던 것이다.

지금은 어떤 일을 하든 가장 먼저 하나님부터 찾는다. 이런 사실을 알기까지 시간이 꽤 걸리기는 했지만 말이다.

✦

내 유튜브나 출간된 전작을 보았다면 알겠지만, 나는 새벽 시간을 활용하는 것이 매우 익숙하다. 하지만 직장을 가진 직후에는 새벽에 일어나 하나님을 찾거나 자기계발을 하는 것보다 출근 전 충분한 잠이 더 중요하다고 생각한 적이 있었다. 오히려 학창 시절에는 공부하기 전, 수업 가기 전에 기도와 묵상으로 하루를 시작했다. 지금 이 공부를 왜 해야 하는지 기억하려고, 오로지 내 생각과 꿈에만 집중하지 않고 '하나님께 쓰임받기 위한 희망을 잊지 않으려고' 기도했다.

그러나 어찌 된 일인지 직장인이 된 후에는 그 습관을 내던져 버렸다. 핑계를 대자면, 세상이 정해준 삶의 루틴을 따라가기 바

빴다. 모든 스케줄, 회사 업무, 사람들과의 관계가 내 마음대로 되지 않았고, 이 세상이 옳다고 하는 방식대로, 이미 모두에게 정해져 있는 대로 행하느라 하나님을 찾을 겨를조차 없었다. 무엇보다 과중한 업무와 늦은 퇴근을 버텨내려면 무조건 푹 잘 쉬어야 한다고 생각했다. 새벽 기상은 꿈도 못 꿀 일이었다. 어차피 주말엔 예배를 드리니까 그때 몰아서 회개하고 한 번에 감사 기도 드리면 될 것이라 여겼다. 하나님은 안중에 없었다. 믿음이 없던 것은 아니었다. 그저 하나님이 주신 이 시간과 기회에 집중하다 보니 정작 하나님께 드릴 시간이 없었던 것뿐이다. 아마 대부분의 크리스천 직장인들이 이렇게 생각할 것이다.

어느 순간 이런 내 생각이 완전히 틀렸다는 것을 깨달았다. 고민 끝에 가장 고요한 새벽 시간을 활용해 하나님을 찾기 시작했다. 그냥 잠깐 형식적이고 의무적으로 기도하는 시간이 아닌, 하나님께 온전히 집중하는 시간이다. 그렇다고 몇 시간 내내 무릎 꿇고 앉아 기도만 한다는 의미는 아니다. 어떤 방해도 받지 않고 예배드리고 찬송 듣고 묵상하고 기도하고, 때로는 '하나님 생각은 어떠실까' 헤아려보며 가만히 앉아 주님과 고요한 시간을 보낸다. 나 자신에게 솔직해지는 시간이다. 숨김도 과장도 없이 하나님께 모두 털어놓는 시간이다.

사람들은 내가 새벽 시간을 활용한다고 하면, 뭔가를 더 쌓아

얻어내기 위한 과정이라고 여긴다. 하지만 그 반대다. 하루 종일 꽉 쥐고 있던 무거운 짐들을 하나씩 정리하고 내려놓는 시간이다. '새벽에 일어나는 것도 힘든데, 눈 감고 기도까지 하면 분명 다시 잠들 텐데…. 자꾸 딴생각만 나고…' 하며 지레 걱정부터 하는 사람도 있다.

나도 마찬가지다. 그러나 하나님께 집중하는 시간이 어렵다는 건, 그만큼 더욱 의식적으로 하나님께 집중해야 할 이유가 되었다. 세상에서 온 온갖 걱정들이 날 산만하게 했다. 혼자 있어도 끊임없이 머리로 생각했고 가슴은 걱정했다. 방해하는 것들로부터 내 기도를 지키려면 더더욱 하나님께 집중해야 했다.

기도한다고 해서 단번에 내 모든 짐들을 하나님께 맡길 수 있는 것은 아니었다. 처음에는 '정리하는 것'을 목표로 하나님께 기도했다. '하나님 모두 맡기겠습니다!'가 아니라, 충분한 시간을 두고 하나님과 이야기하며 각종 걱정에 대한 정리 과정을 거쳤다. 물론 그냥 무조건 다 맡길 수 있으면 얼마나 좋을까? '하나님께 전부 내려놓았으니 됐다!'고 굳게 믿으며 걱정이나 불안 없이 하루하루를 보낼 수 있다면 얼마나 좋겠는가. 하지만 어려웠다. 그래서 하루를 시작하기 전에 하나님과 소통해야 했다. "하나님, 제가 가장 걱정하는 부분이 있습니다. 제가 왜 이런 걱정을 하냐면요"를 시작으로 마음을 털어놓았다. 하나님께 내 생각을 가감 없이 솔직하게 이야기했다. 기도를 통해 이전에는 알지 못했던 지혜를 얻게 되면서 가방 안을 조금씩 정리했다. 전에는 눈뜨자마자 바로 출근 준비를 하고 잔뜩 긴장한 채 업무를 보다 퇴근해서는 또 내일을 준비하는 일상을 보냈다. 가방 속 문제들이 하루하루 점점 더 쌓일 수밖에 없었다. 나도 가방 안에 무엇이 들어 있는지 모를 정도였다. 그뿐이 아니었다. 과거 학창 시절부터 쌓아왔던 '꼭 이뤄야 해!'라는 집착과 불안증이 무게를 더하곤 했다.

그 누구의 방해도 간섭도 없는 은밀한 곳에서 하나님과 시간을 보내는 것으로 시작하는 하루. 나조차도 잘 모르는 나 자신을 내려놓는 시간이었다. 내가 들고 있는 가방들을 하나님과 함께 하나씩 열어보고, 그 안에 담긴 여러 문제에 대해 이야기했다. 불필요한 것은 제거하고 오늘 하루 필요한 것으로만 정리한다. 이 과정에서 하나님과 동행할 수 있는 기회를 얻게 된다.

그렇게 하나님과 소통하면서 내 삶의 주인이 누구인지, 나는 누구인지 알아갔다. 그러다 보니 삶의 변화가 찾아왔다. 아니, 변화라기보다는 이제서야 내게 딱 맞는 옷을 찾은 듯 평화가 찾아왔다.

이 시간이 없었다면 또 나만의 생각과 해석대로 세상을 잘 살아보고자 계속 달렸을 것이다. 나는 마음에 문제가 생겼을 때 어디로 가야 할지 알고 있다. 누군가를 만나기 전에, 나만의 생각이 들기 전에, 사람들의 의견을 듣기 전에 은밀한 곳에서 하나님과 먼저 시간을 보내는 것이다. 이 시간을 통해 하나님과 소통하고 치유받고 회복하고 에너지를 충전한다. 그리고 하나님과 더 가까워진다.

✦

하나님과 가깝게 있을수록 사회인으로서 내 삶은 달라졌다. 학창 시절 새벽에 만난 하나님과는 또 달랐다. 새벽 기도를 드릴 때는 어떤 일을 하기도 전에, 누군가와 이야기를 나누기도 전에 하나님 이름부터 부른다. 재택근무거나 주말일 때는 조금 더 여유를 부린다. 하나님과 차를 마시며 이야기하거나 찬양을 듣는다. 하나님에 대해 알아가는 시간일 뿐 아니라 내가 직접 하나님의 임재를 누리는 시간이기도 하다.

새벽에 눈뜨자마자 다시 자고 싶을 때는 이렇게 기도한다. "보이시나요, 하나님. 하나님과 함께하고자 하는 제 몸부림이요." 그리고 이런 내 모습을 보고 기뻐하실 하나님을 상상하며 바로 기도로 하나님을 만난다.

하나님과 대화하는 시간을 갖기 위해서는 나 역시 노력해야 한다. 기도가 잠꼬대가 되더라도 기도해야 한다. 기도를 통해 하나님 품에 안겨야 한다. 새벽 기도가 그토록 힘들다는 것은 어쩌면 내 영혼이 어느 때보다 하나님을 더 필요로 한다는 의미일 수도 있다. 내 영혼이 기도를 갈구하고 있다는 것이다. 그분의 손길이 필요하다는 것이다.

하나님을
최우선순위로

이 시대 직장인들은 출근 전까지 가능한 한 많은 잠을 청하거나, 운동을 하거나, 다양한 자기계발을 하거나, 입을 옷을 정하고 화장을 하는 것에 시간을 투자한다. 각자 가장 필요한 곳에 시간을 보내는 것이기에 무엇이 옳고 그르다고 할 수는 없을 것이다. 나도 상황에 따라 잠을 좀 더 청하기도 하고, 다양한 취미생활을 하기도 하고, 때로는 평소보다 준비 시간을 더 많이 할애하기도 한다. 다른 점을 하나 꼽자면 내 '주된' 모닝 루틴이 새벽 기도라는 것이다.

세상에 나가기 전에 하나님을 먼저 찾는다. 눈을 다 뜨지도 못한 채, 비몽사몽 상태로 침대에 잠시 앉아 하나님부터 찾는다. 나는 아무리 졸려도, 잠이 덜 깨도 이 상태로 기도하는 것을 좋아한다. 머리가 멍해져 정신을 차릴 수 없을 때야말로 생각, 주장, 욕구, 바람을 모두 죽일 수 있기 때문이다. 하나님 앞에서 완전히 바보가 되는 것이다.

간혹 지인들에게 새벽 기도를 추천할 때 이런 질문을 받는다.

"새벽 기도를 하면 기도의 힘이 더 강해져? 새벽 기도로 이뤄진 기도 제목이 있었어?"

많은 사람들이 새벽 기도에 대해 오해하는 것이 있다. 새벽 기도를 하면 하나님의 응답을 더 빨리 들을 수 있을 것이란 생각이다. 새벽 기도는 응답을 빨리 받기 위한 수단이 아니다. 가장 중요한 포인트는 내 발이 땅에 닿기도 전에 기도로 하나님을 찾는다는 것이다. 제때 일어나지 않아 하루 일정에 차질이 생기는 것은 두 번째 문제다. 알람 소리를 듣자마자 당장 일어나서 움직여야 하는 제일 큰 이유는 혼자만의 시간을 갖기 위해서다. 그 어떤 방해도 없는 시간. 나는 바로 이때에 하나님과 시간을 보내고 싶었다. 평소보다 더 빠른 기도 응답을 얻거나, 하나님께 더 특별하게 보이려고 새벽 기도를 하는 것이 아니다.

나는 자신을 잘 알고 있다. 하루가 시작되면 분명 이런저런 일로 정신없는 시간을 보낼 것이다. 일을 처리하는 데 집중하거나 하루 일과에 신경 쓰다 보면, '평소에도 계속 기도하고 묵상해야겠다'는 다짐이 쉽게 지켜지지 않는다. 물론 그렇다고 하나님을 사랑하지 않는다는 것은 아니다. 하나님을 믿지 않는 것도 아니다. 하나님을 사랑하기 때문에 하나님께 하루의 첫 시간을 드린다. 가장 중요한 'to do list'를 가장 먼저 실행하는 것이다.

"하나님 아버지, 감사합니다. 오늘도 이렇게 아침 일찍 일어나 아픈 곳 없이 하루를 시작하게 해주셔서 감사합니다. 하나님, 피곤하지만 몸부림치며 하나님을 붙잡는 제 모습을 기억해주세요. 오늘은 어떤 하루를 계획해주셨나요? 저는 오늘 무엇을 하면 되는 건가요? 하나님의 사랑을 받으며 매일 이렇게 동행할 수 있어 정말 행복합니다. 하루를 보내다 보면 이 세상의 기준을 따라갈 때가 있습니다. 그 기준을 삭제해주시고, 그때마다 제 마음속에서 하나님을 떠올리게 해주세요. 다른 사람들과 경쟁하지 않고 동료들을 사랑할 수 있도록 해주시고, 만약 오늘 제 마음속에 조금이라도 악한 마음이 생긴다면 하나님의 이름을 기억하게 해주세요. 하나님, 저는 아직 너무 부족합니다. 열심히 하는데도 잘 안되는 것들이 있어요. 아쉽지만 세상은 이런 저의 모습을 비판하고 평가하고 있습니다. 다른 사람들의 말과 저를 향한 화살에 기죽지 않게 해주시고, 하나님만 기억하게 해주세요. 간절히 예수님의 이름으로 기도드립니다. 아멘."

직장인이 된 후 사회활동을 하면서 나는 꽤 큰 무게감을 느꼈다. '걱정의 가방'이 더 무거워졌다. 다행히 학창 시절의 걱정들이 많이 해결되면서 조금 가벼워지나 했는데 그렇지 않았다. 나 혼자만의 지식과 노력으로는 끊임없는 경쟁 속에서 여러 번 부딪치고 넘어지고 상처받을 수밖에 없는 이 세상을 살아가기가 참 힘들었다. 아직 제대로 시작도 안 한 것 같은데 자신감조차 바닥나 있었다. 학창 시절 겪은 성적과 취업 고민과는 또 다른 어려움이었다.

끊임없는 경쟁, 끊임없는 시기와 질투, 끊임없는 자기계발, 사람들의 평가와 시선 등 학교에서 가르쳐주지 않았던 이 모든 일을 배워가기가 몹시 벅찼다. 배우는 것 자체가 문제라기보다는 배우기 위해 겪는 과정이 어려웠다. 너무 많은 사람들의 의견과 충고가 쏟아지는 현실에서 중심을 어디에 둬야 할지 알 수 없었다.

리더를 잘 만나고, 좋은 멘토를 섬기고, 라인을 잘 타야 한다고들 했다. 그것만 지키면 많은 어려운 일을 쉽게 할 수 있을 것이라 배웠다. 하지만 그들의 말을 믿고 사람을 의지할수록, 혼자 발버둥 칠수록 더 흔들리고 무너지고 넘어지고 상처받았다. 잠시 회피하거나 또다시 세상이 정해준 해결 방식을 통해 임시로 해결하는 경우도 있었지만, 오히려 더욱 깊은 상처를 입거나 다른 문제점이 생겼다.

문제는 나 자신이라고 생각했다. 그래서 더 열심히 했다. 사람들을 만족시키기 위해, 인정받기 위해, 앞서가기 위해. 짊어진 가방들이 무거우면 무거울수록 나는 더 잘 준비되어 있는 것이라고 믿었다.

하루를
시작하기 전
하나님부터 찾으면
생기는 일

새벽 기상을 힘들어하는 많은 사람들이 종종 말한다.

"오후에 해도 되잖아. 꼭 새벽에 해야 해?"

맞는 말이다. 자기가 하고자 하는 일이 있다면 새벽에 하면 어떻고 오후에 하면 어떤가. 몇 시에 해야 하는지는 중요치 않다. 새벽이 아닌 오후에 예배드리고 기도하고 묵상한다 해서 믿음이 달라지는 것도 아니고 하나님의 사랑이 달라지는 것도 아니다. 다만, 굳이 새벽에 하는 기도가 내게 어떤 선물을 주었는지 공유하자면 다음과 같다.

1. 새벽에 일어나자마자 제일 먼저 하는 게 기도다 보니 무겁게 멘 가방을 정리할 수 있는 것은 덤이고, 그보다 더 감사한 것은

'오늘', '하루'를 마주하는 나의 태도가 달라진다는 점이다.

'아, 월요일이다. 빨리 금요일이 오면 좋겠다. 아휴, 지긋지긋해'가 '이번 한 주는 하나님이 어떤 계획을 세워주셨을까? 하나님이 어떤 길로 인도해주실까?'로 바뀌게 되었다. 하나님이 내게 어떤 하루를 주셨을까? 하루를 빨리 보낸 후 쉬고 싶다는 생각보다는 오늘 일어날 일에 대한 기대감과 궁금증으로 그 날을 시작한다. 그러니 새벽부터 하고 싶은 일이 많아진다. 이런 질문도 있다. "새벽에 도대체 하고 싶은 게 왜 이리 많아요? 그 동기가 뭐죠?" 나는 이렇게 대답하고 싶다. "하루가 기대되고 하나님이 주신 선물이 기대되어 이것저것 해보고 다양한 선물을 찾는 거예요."

2. 근심 걱정이 있을 때는 나만의 생각이나 방식에 치우쳐 일을 처리하기 전에 가장 먼저 하나님께 여쭐 장을 마련한다.

'오늘은 꼭 해결하고 말 거야. 휴, 근데 어떻게 해야 손해를 안 볼까?' 하는 생각이 든다면, 새벽 기도를 통해 "하나님 지혜를 주세요. 이 문제를 어찌 해결하면 좋을까요?" 물어볼 기회를 얻은 것이다. 분명 어제까지만 해도 떠올리지 못한 지혜와 하나님을 닮고자 하는 마음이 생긴다. 그러다 보면 어느 순간 생각지도 않은 방법으로 문제를 해결하시는 하나님의 사랑을 볼 수 있다.

3. 즐거운 일이나 감사한 일이 있을 때는 사람들에게 고마움을 전하기 전에 하나님께 제일 먼저 감사하고 영광을 돌린다.

'역시 이번에도 잘해냈군. 내가 열심히 했으니까 그만큼 결과를 얻는 거지!', '오늘 꼭 그분께 연락해서 감사하다고 전해야지'라고 생각하기보다는 하나님께 먼저 감사드리는 것이다. "하나님, 함께해주셔서 감사합니다. 하나님의 인도하심이 아니었으면 해내지 못했을 거예요. 감사합니다, 하나님!"

침대 밖으로 나와 첫 한 걸음을 딛기 전부터 내 모든 생각, 아니 오늘을 시작하기 전 제일 처음으로 떠오르는 생각부터 하나님께 내려놓는다. 이렇게 시간을 만들면 하나님과 공유할 수 있는 것도 많아진다. 이것이 새벽 기도의 가장 중요한 효용성이다. 하나님과 충분한 시간을 보내면서 채워지는 나 자신을 발견할 수 있었다. 그리고 하나님께서 나와 함께하고 계심을 인지할 수 있었다. 사람들에게서 듣는 말보다, 성경을 읽으며 얻는 말씀보다 더 감동적인 것은 내가 직접 하나님의 임재를 느낄 때다. 어떤 옷을 입어야 하는지, 화장을 어떻게 해야 하는지, 머리는 어떻게 꾸며야 하는지 등은 그다지 중요한 일이 아니게 된다. 하나님의 사랑과 은혜로 꽉 채워진 내 마음이 삶의 중심을 어디에 둬야 하는지 저절로 이끈다.

밤새 쉬었기 때문에 새벽녘 우리의 마음가짐은 어젯밤과는 또 다르다. 더 상쾌하고 여유로울 수 있다. 온종일 에너지를 소비해 지친 저녁 시간보다 훨씬 강한 영적 에너지를 느낀다. 그렇게 드리는 새벽 기도는 그 날 하루에 큰 영향을 끼친다. 하나님의 보호하심을 믿는 하루는 자신감이 넘칠 수밖에 없다.

나는 주일 예배 때보다도 새벽 기도 후에 더욱 강한 영적 에너지를 느낀다. 예배가 목사님 말씀을 통해 하나님에 대해 알아가는 시간이라면, 새벽 기도는 내가 직접 하나님을 알 수 있는 시간이랄까? 나만의 피난처가 있는 것이다. 그 누구에게도 말하지 못한 일을 하나님께는 말할 수 있다. 기쁨이든 슬픔이든 공유할 수 있는 하나님이 계신다. 아무리 어렵고 큰 문제가 발생해도 나는 이 문제를 가지고 갈 곳이 있다.

내게 새벽 기도란 하나님을 우선으로 두겠다는 약속의 실천이다. 매번 "하나님을 우선으로 두겠습니다"라고 말뿐인 기도만 하는 게 아니라, 하루를 시작하기 전 하나님을 최우선으로 둠으로써 직접 실천한다.

하루를 시작하기 전에 하나님을 바라보자. 예수님의 이름으로 진심을 담아 기도하는 것이다. 새벽에 하나님께 기도하면, 나머지 시간은 하나님께서 책임져주시고 함께해주실 것이다. 여기서 오해하면 안 되는 부분이 있다. 새벽에 기도하지 않는다고 해서 하나님이 오늘 하루 멀리 떨어져 계실 것이라는 말이 아니다. 다만 직접 행동해보자는 것이다. 말로만 "하나님을 사랑합니다"라고 하는 게 아니라 직접 하나님과 사랑의 소통을 행하자. 말로만 "하나님 말씀 따르겠습니다" 하지 말고, 하루 내내 하나님 말씀을 기억하고 또 기억할 수 있도록 새벽에 다시 한 번 약속하자.

잠시 틈이 나서 드리는 기도가 아닌, 온전히 하나님을 기억하고 하나님께 집중할 수 있는 시간을 만들어 기도해보자. 하나님이 주신 시간에 다른 일을 하느라 하나님과 시간을 보내지 못한다는 것은 말도 안 되는 핑계 아닐까?

내가 새벽에 기상하는 근본적인 이유는, 스케줄 관리를 잘하고 주어진 시간을 알뜰하게 활용하기 위해서만이 아니다. 하나님과 동행하는 시간을 확보하기 위해서다.

단순히 새벽에 기도하는 행위를 넘어서, 하루를 시작할 때 모든 걸 하나님께 내려놓고 싶어 하는 내 마음을 말한다. 입으로만 "하나님 사랑합니다"라고 하기 싫었다. 오늘 내게 주어진 1분 1초를 모두 하나님께 내려놓고 싶었다. 그러기 위해서는 하나님께 구하는 시간이 필요했다. 이 세상 일을 시작하기 전에 먼저 하나님을 만나고 싶었다.

'새벽에 잠도 깨지 않은 상태에서 기도가 제대로 될까?', '그 따뜻한 침대에서 어떻게 기도를 할 수 있지?' 하는 생각이 들 수 있다. 나도 기도하다 다시 잠든 적도 있고, 무슨 기도를 했는지 기억조차 나지 않을 때도 많다. 하지만 여기서 중요한 것은 언제, 얼마 동안 기도를 했느냐보다는 아침에 눈뜨자마자 하나님을 먼저 찾고 하나님께 우리 삶을 내려놓고자 노력하는 모습을 하나님께서 기뻐하신다는 점이다.

성경에서도 예수님이 새벽 기도 드리는 모습을 찾을 수 있다.

"새벽 아직도 밝기 전에 예수께서 일어나 나가 한적한 곳으로 가사 거기서 기도하시더니"[마가복음 1:35]

✦

나는 사실 예민하고 약한 부서지기 쉬운 마음을 가지고 있다. 티는 안 내지만 쉽게 상처를 받고, 쉽게 마음을 주고, 쉽게 두려움을 느끼고, 쉽게 걱정을 한다. 내가 감당해야 하는 책임감은 나의 무기이자 짐이기도 하다. 무거운 가방이 매일 더 무거워지는 이유다. 사람들은 이 모든 게 내가 어떻게 생각하느냐에 따라서 바뀔 수도 있다고 이야기하지만, 나는 머리가 어떻게 생각하느냐보다는 마음이 어떻게 느끼느냐를 더 중요시한다. 머리로는 '그렇게 생각하지 말자'고 해도 마음이 따라주지 못하면 결코 안정을 찾을 수 없다. 상처받지 않기 위해, 중심을 잡기 위해 마음을 지키고 보호해야 했다. 그래서 더더욱 하나님의 도움이 필요하다.

하루를 시작하기 전, 나는 기도를 통해 하나님이 주신 은혜와 평온으로 마음을 치유한다. 마음을 보호함으로써 오늘 내내 일어

날 많은 일들에 대비하고 대처할 수 있는 준비를 한다. 이 세상이 알려준 방법이 아닌, 내가 원하는 방식대로가 아닌 오로지 기도를 통해서 말이다.

기도를 시작으로 하루를 보내는 날과 그렇지 않은 날은 확연히 다르다. 하나님의 은혜를 직접 느낄 수 있다는 뜻이다. 하나님과 대화로 하루를 시작하면 당일 접하는 모든 일을 하나님과 연관 지을 수 있다. 기분이 안 좋은 일이나 이해할 수 없는 일이 생길 때는 '왜 내게 이런 일이 일어나는 걸까?' 비관하기보다 하나님의 움직임을 먼저 인지하게 된다. 지금 배워야 하는 것이 있음을 명확하게 가르쳐주시는 것이다. 나는 그 배움을 통해 해결 방법과 지혜를 구한다.

물론 모든 일을 이렇게 완벽한 크리스천의 태도로 반응할 수는 없다. 아직까지도 순간적으로 몰려오는 화를 참는 것은 어렵다. 여전히 짜증도 많고 불평불만도 많다. 화가 앞서기 전에 하나님 은혜를 먼저 느끼게 해달라고 수십 년째 기도하지만 이건 앞으로도 더욱 혹독한 훈련이 필요할 것 같다. 그러나 새벽 기도를 통해 주신 말씀과 응답이 내 삶의 중심이 되어 빠른 시간 내에 정신을 차릴 수 있는 건 확실하다.

친한 동생이 이런 말을 한 적이 있다. "누나는 자기 자신을 참 잘 돌아보는 것 같아. 큰 장점이야." 하지만 나를 돌아보는 것이 아니다. 새벽 기도를 통해 얻은 말씀, 하나님께서 주신 지혜, 그리고 하나님과 했던 약속을 떠올리며 매 순간 내 삶을 수정해나가는 것이다(평소 집에서 듣던 엄마의 잔소리가 갑자기 떠오르는 것과 비슷하다).

알 수 없는 이유로 세상에서 상처를 받을 때도 마찬가지다. 새벽 기도를 통해 얻은 하나님의 말씀과 지혜로 금세 위로받고 치유된다. 이건 정말 하나님의 선물이다.

좋은 일이 있을 때는 이 모든 게 오랜 시간 기도하며 열심히 중심을 잡은 것에 대한 하나님의 응답이라 여긴다. 감사함을 느낄 수밖에 없다. 세상적인 욕심보다는 지금 하나님이 주시는 선물에 감사하게 되고, 필요한 것이 있다면 나보다 나를 더 잘 아시는 하나님이 채워주실 것이기에 든든함이 이루 말할 수 없다.

처음에는 그 날 유독 기분이 좋아서, 아니면 잠을 푹 자서, 밤새 컨디션이 나아져서 좋은 일이 생겼다고 생각했다. 하지만 기도가 빠진 날, 즉 새벽에 허겁지겁 바로 출근을 한다거나, 일어나자마자 다른 일을 우선으로 두거나 한 날은 기도로 시작한 하루와 큰 차이를 보였다.

이렇게 명확한 효과가 있으니 어느 순간 이 시간을 즐기고, 스스로 찾게 된다. 이제는 새벽 기도가 없는 일상을 상상할 수 없다. 몹시 무서울 것 같다. 문제를 어디로 가져가야 할지 모른 채 심적으로, 신앙적으로 무너져버릴 것 같다. 두려움과 불안함에 견디지 못할 것 같다.

자신에게 한번 물어보자. 하나님께 기도하는 시간, 하나님과 소통하는 시간을 얼마나 보내는가? 온전히 홀로 있는 공간을 만들어 하나님과 소통할 준비를 해본 적이 있는가? 그 누구의 눈치도 보지 않고 하나님께 울부짖을 수 있는 공간과 시간을 만든 적이 있는가? 하나님과 즐거움을 공유하고 감사를 표하는 시간이 하루 24시간 중 얼마나 되는가?

이 세상에는 우리가 해결할 수 없는 문제들이 존재한다. 그 문제들이 우리가 하나님과 시간을 보낼 수 없는 이유가 되어서는 안 된다. 오히려 그 문제들 때문에 더더욱 하나님과 시간을 보내야 한다. 이것도 모르고 나만의 방식대로 해결하고자 진땀을 뺐다. 내가 해결할 수 있지 않을까 밤새 고민하고 또 고민했지만 해결 방법은 찾지 못했다. 혼자 힘들게 고생하다 하나님께 여쭙는 게 아니라, 처음부터 하나님께 구하면 이리 고생하지 않아도 될 텐데.

너희 중에 누구든지 지혜가 부족하거든 모든 사람에게 후히 주시고 꾸짖지 아니하시는 하나님께 구하라 그리하면 주시리라 [야고보서 1:5]
If any of you lacks wisdom, you should ask God, who gives generously to all without finding fault, and it will be given to you.
[James 1:5]

새벽에
어떤
기도를
드릴까?

우리는 잘 알고 있다. 기도를 많이 한다고 해서, 교회를 많이 나간다고 해서, 성경을 많이 읽는다고 해서 하나님과의 관계나 믿음이 더 강해지는 게 아니라는 사실을 말이다. 나는 '하나님께 어떤 기도를 드리느냐'가 왜 중요한지를, 지난 몇십 년간 '의무적인 기도'로 허탕 친 경험으로 몸소 느꼈다. 물론 하나님께서는 이런 기도조차 모두 귀 기울여 들어주셨을 것이다. 하지만 내 관점에서 보면 그 기간 동안 '하나님과 더 가까워졌다'고는 할 수 없었다. 형식적인 기도는 결코 진심을 담지 못한 채, 의미 없는 말조각이 되어 허공에 둥둥 떠다녔을 뿐이었다.

그럼 새벽에 어떤 기도를 드려야 하는 걸까?

우선 그 어떤 기도를 드리더라도 하나님께서는 행복해하신다는 점을 잊지 않아야 한다.

나는 힘든 일이 있을 때마다, 좌절할 때마다, 상처받을 때마다, 지칠 때마다, 꼭 새벽마다 혼자만의 시간을 갖는다. 남들은 동굴로 숨거나 잠수 타는 것이라고 여길 수도 있겠지만, 내가 혼자만의 시간을 갖는 근본적인 이유는 하나님 곁에 더 가깝게 있기 위해서다. 어느 순간 하나님이 내 중심이 되어야 흔들리지 않는다는 것을 깨달았다. 마음속 모든 근심, 걱정, 불만을 하나님께 전부 이야기하고, 하나님께서 주신 마음과 지혜로 문제들에 대처하는 것이다.

그렇다고 매번 하나님께 간구하기만 하는 건 아니다. 물론 내가 지금 얼마나 고달프고 힘든지 하소연할 때 가장 기도 집중이 잘되긴 한다. 무엇보다 '나'의 이야기를 중심으로 하는 것이니 당연하다. 하지만 이제는 굳이 특정한 기도 제목이 없어도 하나님과 많은 것을 '공유'하고 '교제'하고 '동행'하는 습관이 생겼다.

오늘 하게 될 일부터 만나게 될 사람들, 앞으로의 계획은 물론 나의 바보 같았던 행동, 얼마 전 동료들과 나눈 웃긴 이야기까지 온갖 것을 하나님께 공유한다. 때로는 지금 하고 있는 일에 대한 하나님의 인도하심을 구하기보다는 내 생각과 의견을 주장해보기도 한다. 물론 내 생각과 전혀 다른 응답을 주실 때는 바로 수긍

하지만, 정말 '모든 것'을 공유한다는 점에 큰 의미를 둔다.

새벽 기도에는 또 다른 즐거움이 있다. 새벽에 드린 기도에 대한 응답을 기대하게 된다는 것이다. '오늘은 내 기도에 어떤 응답을 하실까?' 하는 기대감이 새벽 기도에 재미를 더한다.

하나님은 모든 걸 아신다. 하지만 나는 하나님께서 세워주신 계획을 다 알지 못하기에 하나님께 여쭙고 싶은 것도, 하고 싶은 말도 참 많다. 그래서 생각과 감정을 일일이 공유한다. 예를 들어 "하나님, 제가 새로운 일을 한번 해보고 싶습니다. 인도해주세요"라고 하기보다는 "하나님, 제가 새로 도전해보고 싶은 일이 있습니다. 지난 일주일간 깊이 관심을 가지고, 몇 시간 동안 리서치하고, 실력을 쌓기 위해 연습하고 또 연습했어요. 하나님, 저 충분히 잘할 수 있겠죠?"라고 기도하는 것이다. 나를 위해 세우신 길을 알고자 노력하는 모습, 그 과정을 통해 하나님의 인도하심을 구한다. 물론 하나님 생각은 다를 수 있다. 이렇게 상세히 기도했는데도 생각과 다른 결과가 나올 때는 '분명 다른 계획이 있으시기 때문'임을 더욱 강하게 믿을 수 있다.

때때로 기도 중 예상치 못한 기도 제목이 떠오르기도 한다. 오랜 시간 연락하지 않은 지인이 문득 떠올라 기도하거나, 가본 적 없는 나라를 위해 기도하는 식이다. 뜬금없이 한 번도 만난 적이 없는 타인을 위해 기도하기도 한다. 타인이 겪는 세세한 일을 알 수는 없지만, 그들의 건강, 행복, 보호받음을 위해 기도한다. 그렇게 한 명 한 명 생각하며 기도하다 보면 어느 순간 내 주변에 정말 좋은 사람들이 많다는 사실을 깨닫는다. 참 희한하다. 기도의 대상은 내가 아닌 타인인데, 오히려 내 마음속이 큰 감사와 은혜로 채워진다.

이처럼 새벽 기도가 꼭 '나'에게만 집중되어야 하는 것은 아니다. 하나님께 평범한 일상을 털어놓다 보면 자연스럽게 그와 관련된 또 다른 기도가 파생되기도 한다. 꼬리에 꼬리를 무는 식이다. 그냥 머리에 스치는 생각 하나하나까지 모두 이야기하다 보니 이런저런 기도 제목이 저절로 생기는 듯하다.

하지만 그 어떤 기도를 드리든지 하나님과의 관계를 위해, 하나님과 동행하기 위해, 하나님과 가까워지기 위해서라면 하나님은 분명 기뻐하신다.

✦

새벽 기도의 또 다른 비밀이 있다. 하나님과 즐거운 기도를 많이 할수록 하루가 더욱 즐겁다는 것이다. 많은 사람들이 공감하겠지만, 우리는 기도할 때 하소연을 무척 많이 한다.

"저 너무 힘들어요", "왜 이런 시련을 주시나요", "어떻게 하면 될까요?"

어느 순간 삶에 대한 원망과 불안 가득한 기도만 드리는 나 자신을 발견했다. 물론 마음속에 있는 걱정 근심을 내려놓는 것은 좋다. 하지만 내가 새벽 기도를 적극적으로, 그리고 기쁘게 드릴 수 있는 건 무엇보다 하나님과 즐거운 이야기를 많이 나누는 편이기 때문이다.

친구와 대화할 때 계속 부정적인 이야기와 하소연만 한다면 어떨까? 이야기를 하는 사람뿐 아니라 듣는 사람까지 부정적인 에너지에 휩싸일 수 있다. 결국 긍정적이고 밝은 이야기를 할 수 있는 친구와 더 많은 시간을 보내고 싶어질 것이다. 하나님께 기도드릴 때도 부정적인 이야기나 불평불만만 늘어놓기보다는 즐거운 이야기, 행복한 이야기, 감사한 이야기 위주로 기도 제목을 채워나가면 훨씬 즐겁게 기도할 수 있다.

나 역시 하나님께 기도할 때마다 없는 문제를 만들어서라도 이야기해야 할 것 같은 시기가 있었다. 슬프고 고달픈 일들을 최대한 부풀려서 다 기도해야 할 것 같았다. 그래야 은혜를 받고 성령이 충만해지는 듯했다. 하지만 새벽에 이런저런 기도를 하다 보니 가장 의미 있는 기도는 평범한 일상에서 느끼는 행복을 고백하는 기도였다. 그러면 매일 반복되는 삶 속에서도 유독 행복한 순간들에 초점이 맞춰진다.

"특별한 계획이 없는 하루지만 특별한 제가 될 수 있게 해주셔서 감사합니다", "오늘은 어떤 계획을 준비하셨나요? 너무 기대됩니다", "오늘 아주 신나는 일이 있어요!", "어제 상처받은 일이 있었는데 이렇게 하나님과 대화할 수 있어서 정말 감사하고 행복합니다", "오늘도 새로운 하루를 통해 또 한 번의 기회를 주셔서 감사합니다" 등 생각해보면 즐거운 마음으로 감사드릴 주제가 참 많다.

이 행복의 시간을 깨달은 후 나는 하나님께 즐거운 이야기를 더 많이 한다. 때로는 자랑을 하기도 하고, 웃겼던 일상을 이야기하기도 하고, 혼자 기도하다 웃기도 한다. 기도하다가 우는 사람은 많아도 웃는 사람은 흔치 않을 것이다. 하나님과 즐겁게 웃는 시간을 가져보자!

하나님, 간혹 제 욕심으로 기뻐하지도 감사하지도 못할 때가 있습니다. 마음속 모든 근심 걱정을 하나님 앞에 내려놓고, 기쁘고 즐거운 일만 생각하며 감사 기도 드리고 싶습니다.

항상 기뻐하라 쉬지 말고 기도하라 범사에 감사하라 이것이 그리스도 예수 안에서 너희를 향하신 하나님의 뜻이니라 [데살로니가전서 5:16-18]
Rejoice always, pray continually, give thanks in all circumstances; for this is God's will for you in Christ Jesus. [1 Thessalonians 5:16-18]

새벽에
기도가
나오지
않을 때

분명 하고 싶은 말은 많지만 기도하는 것이 어려울 때가 있다. 하루를 공유하는 게 더는 신나거나 즐겁지 않을 때도 있다. 잠은 쏟아지고 기도는 드려야겠고, 무슨 말을 해야 할지 몰라 횡설수설하다가 다시 잠이 들기도 한다. 때로는 '새벽 시간만큼은 졸음을 이겨내고 꼭 하나님께 기도를 드리겠다'는 다짐으로 잠을 이겨보고자 안간힘을 쓸 때도 있다. 드릴 기도가 생각나지 않을 때는 어떻게 해야 할까?

하나님은 중언부언하지 말라고 하셨다. 기도가 나오지 않을 때는 가만히 앉아 눈을 감고 있는다. 누우면 다시 잠들 수 있기 때문에 평소처럼 세수도 하고 따뜻한 차를 준비한 후 잠시 가만히 앉아 하나님과의 시간을 의식하는 것이다. 그리고 주기도문으로 기도를 시작한다.

"하늘에 계신 우리 아버지여, 이름이 거룩히 여김을 받으시오며, 나라가 임하시오며, 뜻이 하늘에서 이루어진 것같이 땅에서도 이루어지이다. 오늘 우리에게 일용할 양식을 주시옵고, 우리가 우리에게 죄지은 자를 사하여준 것같이…."

이어서 조용한 CCM을 듣는다. 그리고 책상에 놓인 아무 종이 위에 고민과 걱정을 낙서한 뒤 하나씩 짚어가며 하나님께 이야기하기도 한다. 그래도 기도가 나오지 않을 때는 내 상황에 적합한 성경 구절을 찾아 소리 내 읽고 삶에 적용해본다. 설교 말씀을 틀어놓고 목사님이 해주시는 기도를 들으며 눈을 감아보기도 한다.

요즘은 오디오북으로 성경을 읽고(듣고) 있다. 크리스천 배우들과 성우들의 목소리로 제작된 '드라마 바이블'인데, 만약 성경 묵상에 어려움을 겪는다면 꼭 한번 들어보길 추천한다. 마치 영화의 한 장면을 보는 듯 성경 말씀이 마음 깊이 새겨질 것이다.

왜 우리는 새벽에 드리는 기도에 부담을 느낄까? 어째서 기도의 중요성을 알면서도 이 좋은 선물을 사용하지 못하는 걸까? 홀로 앉아 기도를 드리는 것이 습관화되지 않은 사람에게는 더 힘든 시간일 것이다. 가장 편한 시간에 기도를 드리겠다고 다짐해도, 그 시간을 지켜 자리에 앉아 하나님을 찾기까지 적극적으로 많은 노력이 필요하다. 여기에 '새벽 기상까지 해야 한다'는 부담 감이 더해지면 당연히 힘들 수밖에 없다. 그럼에도 새벽 기도를 드려야 하는 이유를 몇 가지 정리해보았다.

하루를 시작하기 전, 하나님께 기도드릴 수 있는 유일한 시간 은 새벽이다. 다른 누군가에게 감사할 일이 생기기 전에 주님께 가장 먼저 감사하는 것이다. 그 누구를 만나고 인사를 나누기 전 에 주님을 먼저 만나고 인사드린다. 새벽 기도는 출근하기 전에, 외출하기 전에, 사람들을 만나기 전에, 나도 모르게 접근하는 사 탄을 대하기 전에 제일 먼저 하나님을 만날 수 있는 유일한 시간 이다. 처음 살아보는 오늘을 마주하기 전, 하나님께 먼저 보호해 달라고 요청할 수 있는 유일한 방법이다. 누군가를 존경하고 따 르기 전에 하나님을 먼저 만나고 찬양할 수 있는 유일한 시간이 기도 하다.

새벽 기도는 우리가 부담을 느껴야 할 의무가 아니다. 이 세상 을 마주하기 전에 하나님의 보호하심을 구할 수 있는 선물이다. 하나님께 칭찬받기 위한, 신앙생활을 더 잘하기 위한 의식이 아 니다. 하나님과의 소통이라는, 정말 놀라운 선물이다.

하루를 시작하기 전 하나님을 찾지 않는다면 온종일 무엇을 자 신 있게 할 수 있을까? 나는 새벽 기도로 자신감까지 얻을 수 있 었다. 오늘 어떤 일이 생길지와 무관하게 하나님의 보호막이 날

지켜준다는 자신감. 이보다 더 강한 방패는 없다.

평소 나는 당당한 말투와 행동을 유지하는 편이다. 어떤 사람들은 "어떻게 이토록 자신감이 넘치냐"고 묻기도 한다. 그 비법이 새벽 기도다. 하루를 시작하기 전 제일 먼저 하나님의 보호하심을 온몸에 두르고 출발하니, 자신감이 넘친다.

아침에 눈을 뜰 때는 '분명 내가 해야 할 일이 남아 있다'고 믿는다. 하나님이 주신 많은 선물 중 하나는 바로 '오늘'이다. 내가 하고 싶은 것, 할 수 있는 것을 모두 다 해볼 수 있는 또 다른 하루의 시간. 가만히 앉아 '내가 무얼 해야 할까?' 기다리기보다는 하나님께서 내게 주신 선물을 먼저 찾아 나서기로 했다.

시편 기자는 이렇게 말한다. "이날은 여호와께서 정하신 것이라 이날에 우리가 즐거워하고 기뻐하리로다" [시편 118:24]

당신은 매일 무언가를 중요하게 생각하는가? 정말 최선을 다해 인생을 살아가는가? 매일매일이 새로운 가능성과 독특한 기회로 가득 찬 하나님의 특별한 선물이라고 생각하는가? 그게 아니라면 삶이 당신을 스쳐 지나가고 있는가?

청년이여 네 어린 때를 즐거워하며 네 청년의 날들을 마음에 기뻐하여 마음에 원하는 길들과 네 눈이 보는 대로 행하라 그러나 하나님이 이 모든 일로 말미암아 너를 심판하실 줄 알라 [전도서 11:9]

You who are young, be happy while you are young, and let your heart give you joy in the days of your youth. Follow the ways of your heart and whatever your eyes see, but know that for all these things God will bring you into judgment. [Ecclesiastes 11:9]

하나님께서
주신
선물을 찾아
사용하기

우리에게 주어진 자유 시간. 이 시간을 어떻게 활용할지는 우리 모두의 오랜 관심사다. 하지만 많은 사람들이 이 시간을 즐기기보다는 미래에 다가올 더 힘든 날을 버틸 수 있도록 에너지를 충전하는 휴식 시간으로 사용하거나, 지금 이 순간 힘든 삶에서 도망가기 위한 회피의 시간으로 사용한다.

어떤 이들은 자신을 업그레이드하고 발전하는 시간으로 활용해 미래의 성공을 도모하기도 한다. 흔히들 말하는 '자기계발'이다. 회사의 직원 복지 항목 중 빠지지 않는 것이 자기계발비다. 꾸준히 자신을 발전시키라는 취지일 것이다. 자기계발, 그것은 정확히 무엇을 의미하는 걸까? 자기계발이라고 하면 제일 먼저 떠오르는 키워드가 있다. 자아 발전, 스펙 쌓기, 자격증 시험, 연봉 상승, 승진 등. 현재보다 미래에 더 만족스러운 삶을 살기 위한 노력이다.

난 어렸을 때부터 혼자 있는 시간이 많았다. 내게 자기계발 시간은 마치 놀이터로 나가는 것과 같았다. '오늘은 뭐 하고 놀지?' 하는 생각을 시작으로 그림을 그리거나, 소꿉놀이로 나만의 스토리를 만들기도 했다. 이런 습관이 씨앗이 되어 성인이 된 후에도 자연스럽게 자기계발의 목적과 범위를 넓혀갈 수 있었다(어린 시절 한국에서 성장했다면 달랐을 수도 있겠다). 다양한 기회의 문이 열리면서 점차 내 자기계발의 목적이 달라지는 걸 느꼈다. 그러다 어느 순간 '즐거움'이 바탕이었던 나만의 자기계발 방식은 경쟁의 수단이자 세상이 주는 결과물을 얻기 위한 투자가 되었다.

언제부터 이렇게 된 것일까? 곰곰이 생각해보니 명확했다. 어릴 때는 다른 곳에서 찾을 수 없는 즐거움을 찾는 것이 자기계발의 목적이었다. 홈스테이 부모님들은 '난 다 할 수 있어!'라는 자신감보다는 '하나님과 함께라면 무엇이든지 할 수 있어!'라는 마음을 갖도록 끊임없이 각인시켜줬다. 나 역시 어떤 목적을 이루기 위해서가 아닌, 즐겁기 위한 시간을 보내고자 했다. 그러다 보니 '지금 당장 이걸 하지 않으면 안 돼!'라는 부담감도 없었을뿐더러, 하나님이 내게 주신 선물을 찾아다니는 보물찾기 놀이처럼 기쁘게 행할 수 있었다.

하지만 성인이 되고 나서는 이 세상 사람들에게 인정받고 싶어서, 관심받고 싶어서, 더 잘하고 싶어서, 더 올라가고 싶어서 자기계발을 하기 시작했다. '하나님과 함께라면 뭐든 할 수 있어!'보다는 '열심히 하면 다 된다고 했어!'가 내 머리와 마음속을 지배했다. '이걸 하면 무엇을 얻을 수 있을까?', '이걸 하면 누구보다 잘할까?'라는 생각부터 했다. 학교를 다닐 때도, 시험을 준비할 때도, 사회인이 되어서도 자기계발을 하는 이유는 온전히 '나'에 맞춰져 있었다. 내가 얼마나 잘하고 있는지, 얼마나 많은 능력을 갖추고 있는지에 집중하다 보니 자기계발의 목적도 '나' 중심으로 설정된 것이다. 오로지 자신의 이득을 위한 자기계발은 당연히 자기가 중심이 될 수밖에 없다. 자기계발을 하는 목적, 목표, 과정 모두가 자기 성장만을 위한 것이기 때문이다.

크리스천으로서의 자기계발은 접근 방식이 달라야 했다. 다시 중심을 잡아야 했다. 크리스천의 자기계발은 결과와 과정 모두 '나' 중심이 아닌 '하나님' 중심이 되어야 한다. 자기계발의 근본적인 이유와 과정, 결과 모두가 하나님과의 동행 속에서 벌어지기 때문이다.

나한테 자기계발이란 '이미 내게 주어진 선물을 찾아다니는 모험' 같은 시간이다. 그래서 한 번도 해보지 않은 일에 도전하기도

하고, 내가 부족하다고 느끼는 것이 있다면 '정말 하나님께서 이 달란트는 주지 않으신 건가?' 확인하려고 제대로 배워보기도 한다. 하나님이 주신 잠재적 능력을 찾아 잘 가꾸기 위해서다. 그러다 보니 굳이 일과 관련 없는 취미생활을 하기도 하고, 딱히 금전적으로나 실용적으로 도움 되지 않는 일도 시도해보게 된다.

사람들은 이런 나를 끊임없이 도전하고 발전하려 애쓰는 '부지런한 사람'이라고 정의하거나, 열정과 패기가 넘치는 청년이라 부른다. 그리고 이를 통해 얻은 결과를 보며 칭찬하거나, 동기부여를 얻고는 한다. 많은 이들이 내 브이로그를 보는 이유다.

내 모습을 부정적으로 비판하는 시선도 많다. 욕심 많은 사람, 성공과 부에 목마른 사람이라 표현하며 '왜 그리 힘들게 사는지 이해할 수 없다'는 것이다. 쉬지 않고 무언가 계속하고 있다는 생각에 불쌍하다고 말하는 사람들도 있다.

나는 평소 자기계발에 대해 '어제보다 더 나은 내가 되기 위한 시간'이라고도 표현해왔다. 세상 관점에서 '더 나은'이란 여러 가지를 의미한다. 더 많은 수익을 얻기 위해, 더 건강해지기 위해, 시간을 더 알뜰하게 사용하기 위해, 삶을 더 즐겁게 보내기 위해 등이다.

크리스천인 나는 '어제보다 더 나은 내가 되기 위한 시간'을 어떻게 해석할까? 내게 더 나은 삶이란 세상이 아닌 하나님께 더 가까이 다가가는 시간을 의미한다. 자신을 앞세우기보다는 하나님 앞에 나를 내려놓기 위해, 주신 달란트를 적극 활용해 하나님을 더 기쁘게 해드리기 위해, 더 많은 친구들이 하나님을 알 수 있도록 하기 위해 오늘도 다른 사람과 나 자신을 비교하지 않는 하루, 하나님의 뜻을 믿고 흔들리지 않는 하루, 그리고 하나님이 주신 또 다른 선물을 찾는 하루를 보내는 것이다. 이 과정에서 하나님과 동행하는 그 시간을 즐기는 것이 '더 나은 삶'이다. 이것이 나의 즐거움, 발전, 행복이기 때문이다. 내가 지금 이 책을 쓰는 것처럼 말이다.

얼마나 신나는가! 얼마나 신기한가! 물론 세상 기준에서 볼 때는 턱없이 부족하게 느껴질 수 있다. 하지만 세상이 내어주는 선물이 아닌 하나님의 기준으로 살아가는 것이다. 세상이 주는 선물과 다르게 하나님의 선물은 나를 위해 특별 제작되었다. 그 선물이 무엇인지 너무 궁금해서 하고 싶은 게 참 많다. 선물 자체만을 위한 게 아니다. 선물을 찾는 과정에서 하나님께 구하고 이야기하고 동행하는 시간 역시 대단히 즐겁다. 누구보다 더 잘나가려고, 지금보다 더 높은 연봉을 얻으려고, 타인에게 인정을 받으려고 애쓰는 자기계발의 시간이 아니다. 말 그대로 보물찾기다. 무엇이 준비되어 있는지 궁금하지 않은가?

내가 이렇게 하나님이 주신 보물에 집착(?)하는 이유는 그 가치가 정말 어마어마하기 때문이다. 70억 사람들 중 오직 나만을 위해 특별 제작되었다. 찾지 못하도록 숨겨져 있지도 않다. 단지 하나님과 동행하다 보면 어느 순간 자연스레 얻게 된다. 이것이 동력이 되어 내 하루하루를 즐겁게 만든다.

　크리스천으로서 자기계발의 근본적 이유와 의미가 고민된다면, 일단 오늘 혹은 내일 하루를 하나님이 주신 보물찾기로 시작했으면 한다. 하나님은 우리에게 선택의 자유를 주셨다. 마음껏 하고 싶은 것을 다 할 수 있도록 시간을 주셨다. 그 소중한 시간 동안 밤새 술 마시며 놀 것인지, 더 많은 돈을 벌기 위해 노력할 것인지, 하나님의 선물을 직접 찾아 나설 것인지는 우리 선택에 달렸다. 다만 한순간의 즐거움이나 사람들의 인정, 많은 돈 등이 나와 하나님을 얼마나 만족스럽게 할지는 다시 한 번 생각해보자. 하루하루를 소중히 여기며 하나님과 함께 무언가 해나가는 과정. 그리고 그 끝에 있을 놀라운 기쁨은 어떤 쾌락과도 비할 바가 아니다.

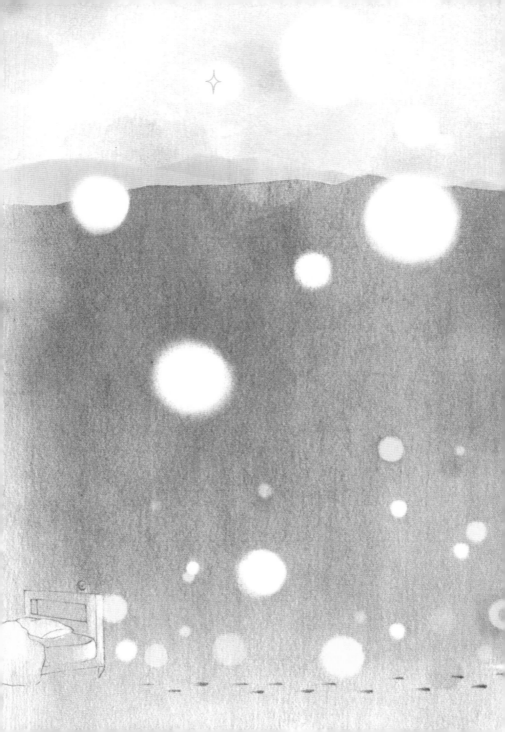

PART 2.

God's Calling -
하나님이 이끄시는 모험

다행이다. 내 간증 영상들이 100만 뷰를 돌파했다. 많은 청년들에게 하나님을 알리고 싶어서 이 책도 집필하고 있다.

"하나님, 제 간증을 통해 많은 사람들이 하나님을 다시 찾지 않았나요? 저 잘했죠?"

지금 날 보시는 하나님의 표정은 어떨까? 물론 아무것도 안 하고 가만히 있는다 해서 하나님이 나를 덜 사랑하시는 건 아니다. 다만 책을 쓰는 과정에서 하나님으로부터 비롯된 기쁨을 여러 번 느낄 수 있었다. 하나님께 받는 칭찬은 다른 사람들에게 받는 칭찬과 비교할 수 없는 큰 즐거움이 있다.

함께 들으면 좋은 찬양

"나 노래하리라. 천한 나를 돌아보신 구세주를 찬양해.
하늘 닿는 곳까지 내 손 들리라. 예수 나의 치료자.
어떤 어려움도 깊은 절망도 수많은 괴로움과 슬픔도 주로 인하여 모두 지워지리라."
〈예수 나의 치료자〉中, 텐트메이커스

"청년의 시절 지날 때 날지으신 주님 뜻대로 하나님 예배하는 삶 복음을 전하는 삶
그렇게 살길 기도합니다." 〈청년의 기도〉中, 손경민

나는 지금
어떻게
쓰임받고
있을까?

얼마 전 미국에서 알고 지내던 변호사님이 한국에 방문해 점심 식사를 함께했다. 2시간 동안 나눈 많은 대화 중 가장 마음에 꽂힌 말이 있었다.

"그렇게 미국에 있고 싶어 하더니, 결과적으로는 한국에 와서 큰일을 하는군요!"

불과 2~3년 전까지만 해도 한국에서의 생활을 상상할 수 없었다. 오랜 시간 외국에서 자랐고, 미국 변호사 자격증을 취득한 데다 친구들도 모두 미국에 있었다. 그럼에도 내 의도와 무관하게 한국으로 돌아와야 했다.

내가 계획하고 원하던 삶을 잠시 이야기해보려 한다. 나는 한국이 아닌 미국 변호사이기에 미국에서 변호사 생활을 하고 싶었다. 그러기 위해 안간힘을 썼다. 그러나 하나님께서는 나를 한국으로 부르셨다. 지금이야 한국으로 부르신 이유를 명확히 알고 있지만, 고작 1년 전까지만 해도 나는 그의 뜻을 찾아다녔다.

미국에 정착하고 싶었으나 첫 변호사 시험에서 떨어진 후 정식 취업에 지장이 생기면서 비자 받을 수 있는 타이밍을 놓쳤다. 그렇게 기도하고 또 기도했는데, 결국 한국으로 돌아오게 되었다. 사람들은 "왜 다시 한국으로 돌아왔느냐"고 묻곤 했다. "가족도 한국에 있고 우리나라가 살기에는 나쁘지 않으니까 돌아왔다"고 이야기했지만, 실은 내가 의도한 바는 아니었다. 그 모든 과정과 결과가 내 의지대로 된 일이 아니므로 나는 하나님이 인도하셔서 다시 오게 된 거라고 해석할 수밖에 없었다.

기도가 이루어지지 않은 것은 아니다. "하나님이 계획하신 대로 인도해주세요"라고 기도했기 때문이다. 아주 정확하게 기도를 들어주셨다. 다만 내가 생각했던 방법이나 계획과 달랐기에 인정하기가 힘들었을 뿐이다. 내가 드린 기도가 진심이 아닐 때도 있었다. 솔직히 "하나님, 시험에 꼭 합격해서 제 친구들처럼 대형 로펌에 기본 연봉 1억 5,000만 원은 받고 들어갈 수 있게 해주세요"라고 기도하고 싶은 마음도 있었다. 그러나 (뒤에서 더 이야기하겠지만) 나에겐 하나님 계획에 반드시 순종해야 했던 수많은 경험이 있었기에, 그 뜻을 따라 한국으로 귀국했다.

사실 내가 가고자 하는 길을 왜 이리도 매번 막으시는지 이해가 쉽지 않았다. 정말 열심히 했고 최선을 다했다. 그다지 나쁜 계획도 아니었다. 하나님께서 굳이 막아설 이유도 없어 보였다. 물론 내 지식 안에서 말이다.

첫 변호사 시험을 치른 날, 나는 정말 자신 있었다. 이건 99.99% 합격이었다. 문제도 술술 풀렸다. 가장 많이 공부한 문제들이 출제되었기에 시험을 보는 내내 자신만만했다.

'아, 다행이다. 내가 아는 문제다! 열심히 공부한 보람이 있군.'

그러나 결과는 예상과 달랐다. 채점 시스템에 오류가 난 게 아닌가 하는 생각이 들 정도로 말도 안 되는 점수였다. 납득할 수 없었다. 심지어 합격 커트라인으로부터 매우 큰 차이가 났기에 나의 불합격은 더 충격적이었다. 혹시 답안을 밀려 쓴 건 아닌지, 컴퓨터 오류가 있지는 않았는지 재확인 요청까지 했으나 시험 당국은 "문제없다"고 했다. 결국 내가 부족해 불합격한 것이라 생각하며 자책했다.

최선을 다했음에도 내 뜻대로 되지 않을 때는 하나님이 개입하신 것임을 믿어야 하는데, 여러 번 경험하면서도 참 적응하기 힘들었다. 변호사가 되는 과정에서 한두 번 시험을 본 것도 아니고 이쯤 되면 그 어떤 좌절을 경험해도 하나님과 동행하는 자세가 익숙해질 법도 하건만, 그리고 하나님의 움직이심을 인지할 때도 되었건만 여전히 그렇게 되지 않았다. '결과가 어떻든 하나님의 뜻이 있을 거야!'라고 나 자신을 위로하기도 했지만, 마음속 깊은 한구석에서는 거부 반응이 일어났다.

좌절감, 슬픔, 불안감, 초조함이라는 거부 반응이었다. 하나님이 내 삶에 개입하실 때마다 느껴지는 거부 반응. 이것은 '그럴수록 더욱 하나님께 집중해야 한다'는 신호였다. 나도 안다. 하지만 머리로는 이해해도 마음은 그렇지 않았다.

두 번째 시험을 준비하면서 엄청난 스트레스에 시달렸다. 심한 스트레스로 피부가 다 뒤집어졌고, 어느 순간 갑자기 시력이 저하되면서 잠시 초점까지 잃어버렸다. "하나님! 왜 이런 어려움을 주시나요? 저 열심히 했잖아요! 제 친구들은 모두 합격해서 취직하고 돈도 벌고 즐거운 삶을 살고 있다고요!" 상처의 가방과 슬픔의 가방이 가득 찼다.

✦

내가 원하는 타이밍이 아닌, 하나님이 계획하신 타이밍에 맞춰 수개월간 다시 공부했다. 예상치 못했던 시간 지연으로 모든 계획과 삶이 바뀌었다. 주님이 계획하신 시간에 맞춰 변호사 시험에 재도전하고 합격 후 한국으로 돌아와야 했다. 철저하고 현실성 있던 내 계획과 시간은 무의미했다.

당시에는 하나님의 그림이 보이지 않았다. 내 계획대로 되지 않았기에 하나님이 나를 잊었다고 생각했다(사실은 계획대로 되지 않은 것 자체가 하나님의 개입이셨다). 변호사 시험 합격에 늦어졌고, 비자를 받을 수 있는 시기도 놓쳤고, 원하는 곳에 취업마저 되지 않았다. 매번 그랬듯 이번에도 하나님은 함께하고 싶었던 친구들로부터 나를 분리해 한국으로 부르셨다.

'아니, 오히려 한국으로 돌아오고 싶다고 하는 친구들은 다 미국에 남게 되었는데 왜 나만 이러는 거야….'

미국 변호사로서 한국에서 할 수 있는 일들은 한정적이었다. 나는 하고 싶은 게 명확했다. 계획에 따라 힘겨운 과정을 거쳐 미국 변호사 자격증까지 2개나 땄는데 도대체 왜 한국으로 다시 부르시는 걸까? 하나님의 뜻을 알고 싶었다. 나는 한국에서 일어나는 모든 일에 의미를 부여했다.

'혹시 하나님이…?' 한국에 와서도 끊임없이 하나님의 뜻을 찾아다녔다. 이미 내 삶에 개입해 움직이고 계신데, 나는 '언제 개입하시냐'고 계속 되물었다. 가만히 기다리면 되는 줄 알면서도 '언제쯤 나를 인도하실 것이냐'고 끊임없이 여쭈었다. 하지만 하나님의 응답이 전혀 보이지 않았다. 딱히 하나님 뜻이라고 생각될

정도의 특별함이 없었다. 어느 정도 시간이 지나고 직장생활에 적응하며 자리 잡는 동안에도 하나님이 왜 나를 한국으로 부르셨는지 알지 못했다. 직장생활 내내 하나님 뜻이라고 여겨질 만큼 특별한 사건도 없었다. 다른 사람들과 크게 다르지 않아 보이는 내 삶은 그저 계획한 건 하나도 안 되는 실패자의 삶처럼 보였다.

가만히 하나님의 인도만 기다리다 지친 탓일까? 결국 '하나님의 응답을 앉아서 기다리기보다는 나도 이제 즐겁게 살아봐야겠다'는 다짐과 함께 새로운 취미를 찾아 나섰다. 그 과정에서 동영상 편집을 배웠고 자연스레 유튜브를 시작했다. 아니, 시작할 수밖에 없었다. 적응이 힘든 한국 사회에서 상처받지 않으려면 다른 곳에 집중해야 했다. 하나님의 인도하심을 더는 기대하지 않았다.

그러다 기회가 찾아와 책을 집필하게 되었다. 정말 그랬다. 갑자기 기회가 생겼다. 다만 처음에는 하나님의 개입으로 인한 기회라고 인지하지 못했다. 이미 많은 유튜버들이 겪는 과정인 데다 책 쓰는 게 그리 대단한 일이라고 생각하지도 않았다.

별 기대 없이 글쓰기를 연습하고 집필에 들어갔다. 그저 즐겁고 재미있었기에 열심히 했다. 이게 하나님께 쓰임받기 위한 시간이었음을 누가 알았을까? 모두가 할 수 있고, 많은 사람들이 하는 일이기에 나도 그중 한 명이라 생각했다. 이를 통해 하나님이 무슨 일을 계획하셨는지는 알 수 없었다. 그냥 취미생활이라 여겼다.

그리고 마치 기다리셨다는 듯, 첫 번째 책《나의 하루는 4시 30분에 시작된다》출간과 동시에 하나님께서 나를 부르셨다. 흔히 상상하듯 하나님의 우렁찬 목소리가 들린 것은 아니었다. 하지만 성령님의 임재하심을 통해 알 수 있었다. 나의 생각과 지식으로는 도저히 나올 수 없는 마음을 심어주셨기 때문이다. 이렇게 가슴 깊은 곳에 부인할 수 없는 확신과 용기를 주셨고, 하나님의 인도하심이 아니면 도무지 설명되지 않는 일들이 계속 이어졌다.

나는 하나님이 삶에 개입하시는 경험을 여러 번 했다. 덕분에 뜻대로 안 될 때나 예상치 못한 일이 생길 때면, 떼를 쓰기보다는 하나님의 부르심에 귀 기울여보겠다는 마음부터 먹었다. 이번에도 그랬다. 그토록 열심히 노력했음에도 한국으로 돌아오게 되었고, 아무리 계획을 세우고 열심히 해도 하나님께서는 다른 길로 인도하셨다. 그렇게 내 계획은 죽고 하나님의 계획이 진행되었다.

아무리 생각해도 내 마음대로 되지 않는 일들은 하나님의 뜻과 일하심으로밖에 설명되지 않았다. 결국 이번에도 하나님 뜻대로 따라가는 수밖에 없었다. 사실 이 부르심을 무시할 수도 있었다. 많은 사람들이 그러듯 나도 못 들은 척 지나갈 수 있었다. 지금처럼 변호사 생활을 하며 즐거운 콘텐츠를 찾아 유튜브에 올리고,

내가 원하는 이야기를 바탕으로 책을 집필하고, 여기저기 강의를 다니며 제법 큰돈도 벌 수 있었을 것이다. 그러나 내 영혼과 마음은 하나님의 부르심을 무시할 수 없었다. 역시나 하나님의 부르심에 예민하게 반응할 수밖에 없었다. 성령님이 심어주신 확신과 용기가 나를 움직였고, 부인할 수 없을 만큼의 자신감이 생겼기 때문이었다.

하나님의
부르심

2020년 10월이었다.

첫 번째 책 《나의 하루는 4시 30분에 시작된다》가 출간되기로
한 날이기도 했다. 들뜬 마음에 온 신경은 책에 쏠렸고, 첫 책이기
에 더더욱 긴장의 끈을 놓지 못했다. 다만 하루 일과 자체는 평소
와 다르지 않았다. 그날 저녁 "유진아" 하고 엄마가 입을 열기 전
까지는 말이다.

"엄마가 암이라서 큰 병원에 가야 한다네."

평소 엄마에게 허리 통증이 있긴 했지만 그리 깊게 생각하지는
않았다. 그런데 갑자기 암이라니. 심장이 쿵쾅쿵쾅 뛰었다. '요즘
의학 기술이 좋아져서 고칠 수 있을 거야'라며 애써 자위했지만

꼭 그렇지 않다는 사실 역시 너무 잘 알았다. 엄마의 척추 MRI 결과를 판독해줄 수 있는 지인에게 사진을 공유했다. 추가 검사를 해야 확실하다면서도 만약 악성 종양이 맞는다면 척추에 있는 혹의 모양은 일반적으로 암 4기에 해당한다고 했다.

'이렇게 멀쩡하신데 암 4기라고?'

엄마한테는 차마 그 말을 있는 그대로 전하지 못하고 다르게 이야기했다.

"엄마, 추가 검사 진행해야지 확실한 거래. 아직은 모르는 거야. 그러니까 기다려봐."

하지만 엄마는 이미 모든 걸 포기하신 표정이었다.

몇 시간 전까지만 해도 나는 언제나와 같은 평범한 하루를 보내고 있었다. 하지만 한순간에 전부 바뀌어버렸다. 내 모든 계획과 목표가 단 몇 초 만에 뒤집혔다. 책 출간에 대한 관심은 사라지고, 저녁 내내 척추암 전문 의원을 찾아다녔다. 급한 마음에 바로 예약했지만, 의사를 만나려면 며칠을 더 기다려야 했다. 가만히 앉아 있을 수만은 없어 MRI 결과를 들고 동네 병원을 찾았다.

"왜 여기로 오셨어요? 이건 암일 확률이 99%예요. 큰 병원으로 가세요."

"선생님, 그래도 단 1%라도 암이 아닐 가능성이 있는 거죠?"

"척추에 종양이 생긴 경우 99%는 다른 곳에서 전이된 암이고,

나머지 1%는 척추뼈 자체에서 자라는 희귀 종양입니다. 더는 말씀드릴 수 있는 게 없습니다. 큰 병원 가세요."

의사의 말을 듣는 동시에 '세상이 끝난 것 같다'는 기분을 경험했다.

누가 나를 도와줄 수 있을까? 핸드폰에 저장된 연락처를 살피며 내게 도움을 줄 수 있는 그 누군가를 찾기 시작했다. 그러나 아무도 없었다.

하나님 말고는.

✦

"하나님, 이게 뭐죠? 제가 최근에 뭔가 잘못한 일이 있었나요? 잘못한 게 있다면 회개하겠습니다. 제가 다 잘못했습니다. 책 출간에만 집중하며 나만의 방식으로 행복을 찾으려 한 게 서운하신 건가요? 코로나 핑계로 교회 현장 예배에 참석하지 않았던 것이 잘못되었나요? 세상적인 욕심으로 제 책이 잘되길 바랐던 것이 잘못되었나요? 얼마 전 친구와 싸운 것이 잘못인가요? 도대체 왜 이런 일이 생긴 걸까요? 알아요, 하나님. 때로는 제 계획과 무관한 하나님의 인도하심이 있다는 것을요. 하지만 하나님, 제게 가장 소중한 가족은 지켜주셨어야죠!"

엄마에게 아직 아무 일도 일어나지 않았는데, 의사의 말 한마디에 주체할 수 없는 감정에 휩싸여 하나님을 공격했다. 혹시 벌을 받고 있는 건 아닌가 해서 무조건 잘못했다고 기도했다. 그러다가도 다시 화가 치밀어 원망을 토해냈다.

엄마를 치유해달라고 진심을 담아 기도해도 모자랄 판에 감정적으로 하나님을 원망했다. 하지만 그 이면에는 하나님을 향한 필사적인 구조 요청이 있었다. 이런 상황이 처음이라 하나님께 어떤 식으로 도움을 청해야 할지 몰랐던 것이다. 지금까지는 어떤 문제가 있으면 그 문제를 두고 해결해달라고 기도할 수 있었다. 하지만 엄마의 암은 감히 해결해달라고 할 수조차 없었다. 하나님께서 또 내가 원하지 않는 계획을 행하고 계신 것이면 어떡하지? 이번만큼은 알고 싶지도, 따르고 싶지도 않았다.

한편으로는 자신도 없었다. 지금껏 내가 행했던 일들을 돌이켜보면 특별히 잘한 게 없는 것 같았다. 이렇게 부족한 내가 하나님을 찾아도 되는 건지, 이런 상황에서 하나님께 기도해도 되는 건지 혼란스러웠다. 내 머리로는 도저히 이해할 수 없었기에, 어떻게 반응해야 할지조차 알 수 없었다.

이와 같은 때에도 그저 하나님이 엄마를 치유해주실 것이라고 굳게 믿어야 하는 걸까? 아니면 이 순간 역시 하나님의 뜻이 있음을 인정하고 아무렇지 않게 평소대로 지내야 하는 걸까? 온전히 하나님께 내려놓는다는 건 대체 뭘까? 어떻게 행동하는 걸까? 어쩌면 내가 듣지 못하는 하나님의 부르심이 있는 게 아닐까?

차마 하나님의 뜻을 구하지 못했다. 아니, 알고 싶지 않았다. 하나님께서 그 어떤 심오한 뜻을 가지고 계시든 알고 싶지 않았다. 이건 정말 내가 원하지 않는 순간이었다. 하나님께 이 문제를 가지고 가고 싶지도 않았다. 설령 지금 내가 할 수 있는 게 없다고 해도 우선 내 방식대로 해결해야 할 것 같았다. 사람의 본능이란 이런 것인가 보다. 유능한 의사를 찾아 최고의 의학 기술로 엄마를 치료해야 한다는 (머리가 이해할 수 있는) 방식이 먼저였다. 지금 당장 내가 할 수 있는 건 그것뿐이라고 믿었다.

✦

암병원에 처음 방문했다. 대학병원 자체가 처음이었다. 암센터를 향해 걸어가는 동안 많은 생각을 했다. 주차장에서 병원 접수처로 가기까지 많은 사람을 목격했다. 하나님께서 보게 하신 듯하다. 내 코가 석 자인 상황에서 굳이 타인의 모습을 봐야 할 이유도, 그 사람들이 겪는 어려움을 알 필요도 없었지만 그 모든 것들이 내 눈에 기록되도록 하셨다.

입구부터 싸늘했다. 암센터에 방문하는 사람들의 얼굴은 전부

좋지 않았다. 미소를 짓거나 웃고 있는 사람이 단 한 명도 없었다. 혼자 휠체어에 탄 채 의사를 만나려고 기다리는 사람도 있었고, 방금 안 좋은 소식을 들은 듯 눈물 흘리는 사람도 있었다. 가장 기억에 남는 건, 링거를 맞으며 고통스러운 표정으로 찬 바닥에 누워 있는 사람이었다. 나중에 알게 된 사실인데, 병실이 없어 1층 의자에서 항암치료 링거를 맞다가 도저히 버티기 힘들어 누운 것이었다. 그런 분위기 속에서 나는 더욱 긴장했다. 거동조차 할 수 없는 사람들을 보며 우리 엄마는 저렇게 되지 않으리라 자신할 수 없었다.

엄마 차례가 왔다. 혹여나 의사 선생님이 하시는 말을 놓치거나 이해하지 못할 것을 대비해 녹음기를 켜고 드디어 문제를 해결할 수 있을 것이라는 생각에 조금이나마 마음이 놓였다.

"우선 조직 검사부터 합시다. 악성인지 양성인지 확인 먼저 해야 합니다. 만약 악성이면 상황이 심각합니다. 종양이 너무 커서 온몸에 전이되었을 경우 수술 가능 여부도 확신할 수 없습니다. 혹시 양성 종양이라 할지라도 마냥 괜찮은 건 아닙니다. 양성의 경우는 나중에 다시 이야기합시다."

"선생님, 만일 악성이어도 수술하면 괜찮은 거 맞죠?"

나는 최악의 상황을 물었다.

"종양이 너무 큽니다. 수술 자체도 어려울 수 있어요. 악성 종양이면…. 글쎄요. 우선 검사 결과 나오는 것 보고 다시 이야기하시지요. 제가 드릴 수 있는 말은 이게 다입니다."

'아니, 의사가 뭐 이래? 대충 예측이라도 할 수 있는 거 아니야?' 욱하는 생각이 들어 또 물어보았다.

"그러니까요, 선생님. 같은 말 반복하게 한다면 정말 죄송한데요, 선생님께서 수술해주실 수 있는 거 맞죠?"

"어허, 말씀드리지 않았습니까? 검사 결과를 봐야 알 수 있습니다. 그리고 수술이 가능하다고 해도 각오는 하셔야 합니다. 척추를 다 잘라야 하고 종양 위치가 폐와 혈관과 몹시 가까워 합병증도 무시하지 못합니다."

아무 감정 없이 마치 감기 진단을 내리듯 설명하는 의사의 태도에 서운함을 감출 수 없었다.

"그럼 조직 결과 나오면 다시 이야기하자는 말씀이시죠…?"

그러자 의사는 답답하다는 표정으로 나를 묵묵히 쳐다봤다. 너무 냉정했다. 어떻게 저리 아무렇지 않게 이야기할 수가 있지? 왜 더 설명해주지 않는 거지? 기대와는 다르게 오늘도 해결된 것이 없었다. 그날 당장 검사하고 결과를 받고 싶었지만 현실적으로 불가능했다.

만약 악성 종양이라면 지금 바로 빨리 검사하고 다음 절차를 진행해야 하는 것 아닌가? 검사하고 결과를 받는 과정은 왜 이렇게 오래 걸리는 거지? 병원 사정을 모르는 나는 이해할 수 없었지만 의사 선생님에게 더 물어볼 자신이 없었다. 검사 예약을 별도로 하고 결과가 나오기까지 다시 2주가 걸렸다. 결국 총 한 달이라는 시간 동안 아무것도 할 수 없는 상태로 대기해야 했다.

정말 애가 타서 미칠 것 같았다. 그런데 엄마는 그러지 않으셨다. 마음이 편하다고 하셨다. 포기하신 걸까? 도대체 어떻게 마음이 편할 수 있지?

✦

집으로 돌아와 잠시 공원을 걸었다. 이 상황을 어찌해야 할지 생각할 시간이 필요했다. 병원에서 목격한 장면들이 전부 머릿속 깊이 입력되었다. 충격에서 벗어나지 못한 것일까? 그 모든 순간이 스캔되어 계속 맴돌았다. 하지만 그 순간에도 나는 기도하지 않았다.

마음 같아서는 '하나님! 제발 우리 엄마를 지켜주세요!'라고 직접 기도하고 싶었지만 그럴 수 없었다. 여러 복잡한 감정이 나를 혼란스럽게 했다. 하나님을 향한 원망과 두려움은 물론, 동시에 내 모든 행동이 후회스러웠기에, 죄스러웠기에, 하나님의 계획하심과 내가 원하는 응답이 다를까 무서웠기에 그 어떤 기도도 드리지 못했다. 하나님의 뜻이 있음을 믿기도 어려웠다. 평소에는 '하나님 뜻이 있겠지' 하는 믿음으로 내게 일어나는 여러 일들을 감당해왔지만 이번에는 그렇게 생각할 수 없었다.

공원 중간에 놓인 의자에 잠시 앉아 눈을 감았다. 나는 눈을 감으면 하나님 이름부터 부르는 습관이 있다. 하지만 이번에는 하나님을 부르지 않았다.

'그래, 목사님께 대신 기도를 부탁해야겠다.' 스스로 기도하기를 거부했다. 하지만 기도가 필요한 것도 사실이었다. 핸드폰에 유일하게 저장되어 있던 목사님께 연락을 했다. 태국 선교 때 알게 된 목사님이었다.

"목사님…. 저 어떻게 하죠?"

"유진 자매, 무슨 일이에요?!"

놀란 목사님의 목소리가 지금도 생생하다.

"목사님, 저희 엄마가 암이래요. 저 어떡하죠? 이제 어떻게 해야 하나요? 기도가 필요해요, 도와주세요."

다른 사람에게 기도를 받으면 내가 직접 기도하는 것보다 좀 더 하나님이 나를 불쌍히 여겨주시지 않을까 생각했던 듯하다. 어쩌면 하나님을 향한 원망이 아직 가라앉지 않았기 때문이었던 것 같기도 하다.

"유진 자매, 우선 진정하세요. 제가 기도하겠습니다."

몇 년간 한 교회를 섬기면서도 친분 있는 목사님이 없었다. 그 동안 나는 혼자 신앙생활을 해도 충분하다고 여겼다. 무엇보다 교회에 다니면서 굳이 목사님들과 친분을 쌓을 기회와 의지가 없었다. 그런데 지금은 그분들이 필요했다. 묻지도 따지지도 않고 그냥 기도해줄 수 있는 하나님의 딸과 아들이 필요했다. 내가 지금 기도를 할 수 없으니, 다른 사람의 입을 빌려서라도 하나님께 내 마음이 전해지길 희망했다.

✦

몇 시간 전까지만 해도 나는 모든 인맥을 동원해 의사를 소개 받으려 했다. 그리고 이 상황을 어떻게 하면 좋을지 조언과 위로를 얻으려 여러 사람에게 연락을 시도했다. 하지만 그 누구도 그 어떤 말도 문제를 해결해줄 수는 없었다.

'그래, 내가 인맥이 없어서 그런 걸 거야. 회사의 높으신 분은 분명 인맥도 좋고 이런 상황에서 어떻게 해야 할지 알고 계실 거야'라는 생각으로 평소 무서워서 말할 엄두도 내지 못했던 회사 부사장님께 연락을 했다.

'우리나라 굴지 대기업의 부사장님인데, 당연히 알고 계신 유능한 의사가 있을 거야.'

"안녕하세요, 저…. 법무팀 김유진 대리입니다. 정말 너무 갑작스럽게 연락드려서 죄송합니다만, 저희 어머니가 암에 걸리신 것 같습니다. 제가 문자로 MRI 사진을 보내드렸는데, 혹시 아는 의사분이 계시다면 상태를 여쭈어주실 수 있으신지요? 꼭 도와주세요. 부탁드립니다." 안부 인사고 뭐고 없었다. 다짜고짜 내가 원하는 부탁만 전했다.

"유진 대리, 지인에게 물어보니 사진으로는 판독이 불가하다고 합니다. 제가 아는 지인은 모두 작은 병원을 운영하고 있어 도움을 드리지 못할 것 같네요. 큰 병원에 가보세요. 필요하면 휴가를 쓰도록 하세요." 어째서 도와줄 수 있는 사람이 한 명도 없는 거지? 그렇다. 지금 그 누구도 이 문제를 해결해줄 수 없었다. 방금 큰 병원에 다녀왔음에도 나는 의사의 말을 믿지 않았고, 엄마의 MRI 결과가 '잘못됐다'고 선언해줄 사람을 마냥 찾고 있었던 것이다. 누군가의 도움을 받아 나아질 상황이 아니었다.

잠에서 깨어났다. '악몽을 꾼 것일까?' 하는 생각에 핸드폰 전화 목록을 확인했다. 악몽이 아니었다. 엄마는 이미 세상을 포기한 듯 누워 계셨다. 식사도 잘 못하고, 하는 말마다 마치 삶을 정리하는 식으로 이야기하셨다.

"엄마가 없어도 우리 딸 잘할 수 있지?"

"엄마, 그런 소리 하지 마. 아직 모르는 거야. 기다려봐."

다음 주에 조직 검사를 하고 이후 결과를 받으면 모두 끝날 일이라 믿었다. 설사 척추에 자리 잡은 혹이 악성 종양이라 할지라도 '치료하면 될 거야'라고 생각했다. 결과가 나오기 전까지는 아무 생각도 하지 않기로 했다.

무엇을
보여주시는
걸까?

별것 아닐 거라 생각했다. 종양 일부를 떼어 확인하면 되는 것
뿐이리라. 하지만 모든 과정이 생각보다 어려웠다. 조직 검사만
2시간이 넘게 걸렸다. 밖에서 애타게 대기하고 있다가 검사실에
서 의사 두 명이 나오며 하는 이야기를 들었다.

"척추에 그렇게 딱딱한 건 처음 봐요. 도대체 뭐예요?"

또 다른 의사는 고개를 갸우뚱하며 알 수 없다는 듯한 표정을
지었다.

몇 분 뒤 엄마는 환자용 침대에 누운 채 간호사의 도움을 받아
방에서 나왔다. 극심히 고통스러워하시는 바람에 수술 환자 대기
실로 이동해야 했다. 단순 조직 검사라 생각했던 우리 가족은 다

른 보호자들과 함께 불안에 떨며 문밖에서 대기했다.

얼마나 시간이 지났을까? 갑자기 여러 명의 의사가 급하게 환자 대기실로 뛰어 들어갔다. 밖에서 대기 중이던 보호자들은 입구에 있는 간호사에게 어느 환자 때문에 생긴 긴급사항인지 물어보며 패닉에 빠졌다.

나는 혹시 엄마가 잘못된 건 아닐까 불안한 마음에 문을 열고 환자 대기실로 들어갔다. "보호자분, 들어오시면 안 돼요!" 하는 간호사의 목소리가 들렸지만 개의치 않고 엄마를 찾았다.

안내원 바로 앞에 배치된 엄마는 놀란 표정으로 나를 바라보았다. 내가 간호사의 말을 무시한 채 들어와서 놀란 게 아니었다. 같은 공간에 있는 누군가가 죽어가고 있다는 걸 눈치채셨던 거다.

엄마 침대 바로 옆 칸에서 의사들이 피를 심하게 흘리는 환자에게 심폐소생술을 시도하는 모습이 보였다. 바닥은 많은 양의 피로 흥건했고 환자는 계속 피를 토해냈다. 나는 너무 놀라 다시 문밖으로 뛰쳐나갔다.

"의사 선생님들 왜 들어간 거예요?" 어느 학생이 울먹이며 내게 물었다.

"잘 모르겠어요. 남자 환자분이 피를 토하고 계셨어요."

"남자요? 제 남편인 것 같은데!" 가슴을 부여잡고 간신히 숨을 쉬며 어느 아주머니가 내 팔을 붙잡았다. 얼마 지나지 않아 의사가 대기실로 나와 긴급히 그 환자의 보호자를 찾아 나섰다. 그 아주머니였다.

"지금 남편분 폐에 피가 차서 고통스러워하고 계십니다. 심폐소생술을 하고 있는데, 혹시 환자분 연명 등록하셨나요?"

"연명 등록이라니요? 그게 뭐예요?" 아주머니의 목소리가 심하게 떨렸다.

"심폐소생술을 계속하길 원하시는지요. 평소 연명 거부 의사가 있으셨는지 알아야 합니다."

의사가 침착하게 설명을 이어갔다.

'아니, 지금 이 상황에 심폐소생술을 계속할지 물어보는 거야?' 의사의 질문이 이해되지 않았다. '당연히 끝까지 심폐소생술을 해야 하는 거 아니야?'라고 생각했다.

"보호자분 제 이야기 잘 들으세요. 지금 자녀분들에게 빨리 연락하세요."

"선생님, 제가 너무 무서워서 전화가 어려워요."

떨리는 손으로 핸드폰을 꺼내면서도 아주머니는 계속 내 팔을 붙잡고 있었다.

"자녀분이세요?"라고 묻는 의사의 말에 나는 고개를 저었다.

"아니요…."

의사는 보호자를 다른 곳으로 데리고 갔고, 나는 두려움에 멍하니 얼어 있었다. 우리 엄마는 괜찮을 거라 굳게 믿었는데, 이 일을 겪고 나니 급격한 불안감이 엄습했다. '아… 의사도 엄마를 도울 수 없겠구나. 고작 조직 검사만 했을 뿐인데 벌써부터 이런 마음이 들면 어쩌지?' 내가 찾아야 하는 것은 의사가 아닌 하나님이었다. 그 상황에서 떠오르는 건 오직 하나님뿐이었다. 마치 '나를 바라보거라' 하고 알려주시는 듯했다.

나는 하나님께 내려놓는 방법을 잘 안다고 자신했다. 하지만 그렇지 않았다. 하나님 앞에 내려놓는 게 그 어느 때보다 어려웠다. 이번에는 달랐다. 눈앞에서 지금 사람이 죽었다. 하나님이 이 순간에도 함께하신다는 믿음을 더는 유지하기 어려웠다. 현재 일어나는 일, 이건 하나님의 뜻일 수가 없었다. 도대체 무엇을 보여주시는 걸까?

이제 할 수 있는 게 없었다. 아무도 해줄 수 있는 것이 없었다. 하나님의 계획을 아는 건 하나님뿐이었다. 지금 이 순간이야말로 하나님께 내려놓아야 할 때였다. 하나님의 뜻이 무엇이든 그걸 믿어야 했지만, 머릿속이 새하얘진 난 방법을 알 수 없었다. 이제까지 "하나님 뜻대로 해주세요! 하나님 계획이 있으심을 믿습니다!"라고 외쳤던 내 믿음은 도대체 어디로 간 것일까?

조직 검사 판독 결과 엄마의 병은 전 세계 1%에 해당하는 희귀 종양으로 판정되었다. 어떤 의사도 치료할 수 없는, 원인도 치료 방법도 알려지지 않은 종양이었다. 혹시 몰라 여러 병원을 찾았다. 온갖 논문을 봐도 명확한 수술 방법조차 없었기에 대부분의 의사들이 수술 자체를 꺼리는 상황이었다. 무엇을 보여주시는 걸까? 오로지 하나님만 할 수 있는 일이 있음을 다시 한 번 각인시켜주셨다.

모두가 예상한 악성 암이었다면, 의사가 고칠 수 있는 병이었다면 어떻게 해서든 누군가의 도움을 받을 수 있었을 텐데, 결국 하나님께서는 사람이 아닌 하나님을 바라볼 수밖에 없도록 하셨다. 그 누구의 도움도 받지 못하게 하셨다.

"하나님 도대체 무엇을 알려주시는 건가요. 바보 같은 저는 이 상황을 이해하지 못하고 있습니다. 깨닫지 못하고 있습니다. 기도를 어떻게 드려야 할지도 모르겠고, 무엇을 구해야 할지도 모르겠습니다. 하나님, 지금 이 순간 하나님을 찾기가 너무 어렵습니다. 죄송합니다."

기도를 어떻게 해야 할지 모를 때가 있다. 지금 닥친 일이 너무 버거워서 감정이 앞서고, 당장 겪고 있는 이 어려움에만 모든 신경이 집중되다 보니 평소 습관처럼 하던 기도조차 안 나올 때가 있다. 너무 고통스러워서, 너무 연약해서 하나님의 이름밖에 부를 수 없는 상황에서 그냥 두 눈을 감고 하나님께 기댔다. 그러자 성령이 임하시어 나 대신 기도하셨다.

이와 같이 성령도 우리의 연약함을 도우시나니 우리는 마땅히 기도할 바를 알지 못하나 오직 성령이 말할 수 없는 탄식으로 우리를 위하여 친히 간구하시느니라 [로마서 8:26]

In the same way, the Spirit helps us in our weakness. We do not know what we ought to pray for, but the Spirit himself intercedes for us through wordless groans. [Romans 8:26]

성령님이
대신 드려준
기도

평소처럼 새벽에 기상했지만, 다른 새벽이었다.

무슨 기도를 해야 할지 몰라 무작정 눈을 감은 채 하나님께 집중하고자 마음을 비웠다.

"하나님….."

두 손을 모았지만 말을 잇지 못했다. 너무 고통스러워서, 너무 버거워서, 너무 충격적이어서, 희망이 없는 것 같아서 기도를 할 수가 없었다. 지쳐 퀭해진 눈을 감고 하나님께 잠시 기대듯 침묵했다. 하나님이 함께 계심을 인식하려고 집중했다. 시간 가는 줄 모르고 하나님께 매달린 채 눈물만 흘렸다. 그 어떤 말도 하지 않았다. 시간이 얼마나 지났을까. 마음 깊은 곳에서 갑자기 기도가 흘러나왔다.

"하나님, 저를 사용해주세요. 저 여기 있습니다…. 하나님, 저를 사용해주세요. 저 여기 있습니다…."

분명 내 입술에서 나온 말이었지만 정말 뜬금없었다. 생각조차 못 해본 기도였다. 머리는 물론 마음에도 없는 기도였다. 하지만 그냥 그렇게 기도가 나왔다.

"하나님, 저를 사용해주세요. 하나님, 제가 하나님 일을 하겠사오니 저를 사용해주세요. 저 여기 있습니다. 온전히 하나님께 집중하겠습니다. 너무 부족하지만, 실력도 능력도 인맥도 아무것도 없는 저지만, 하나님 일을 하겠습니다."

"무슨 일이 있어도 하나님의 일을 하겠습니다"라며 계속 같은 말만 반복했다. 엄마를 살려달라고 기도해야 하는데, 대체 무슨 말을 하고 있는 것인가? 설명할 수 없는 기도였다. 성령님이었다. 지금 이 순간 내가 해야 하는 기도가 무엇인지 알려주신 것이다. 동시에 하나님의 위로가 느껴졌다. 현재 내가 느끼는 마음, 하나님께서는 모두 알고 계심을 가르쳐주셨다.

"제가 하나님 일을 하는 동안 하나님께서는 저의 일을 맡아주세요." 이렇게 엄마를 향한 내 걱정을 모두 하나님께 맡겼다. 그 순간 입 밖으로 나온 이 기도에 덜컥 두려운 감정이 들기도 했다. '무조건 하나님의 일을 하겠다'는 기도의 의미는 무엇이었을까?

"엄마 척추에 있는 혹, 하나님께서 치유해주세요. 저는 하나님 일을 하겠습니다." 어떤 검사 결과가 나오든 무관하게 나는 하나님의 일을 하겠다고 약속했다.

"엄마, 나 하나님 일 하고 싶어. 아니, 해야 할 것 같아. 엄마 일은 이제 하나님께 맡기고 난 하나님 일에만 집중하고 싶어."

난데없는 나의 말에 엄마는 잠시 걱정스러운 표정을 짓다가 이내 내 손을 꼭 잡으셨다.

"엄마가 너를 임신했을 때 말야, 출산을 앞두고 너무 무서워서 교회에 간 적이 있었어. 그냥 아무 생각 없이 갔는데, 두렵고 무서운 마음에도 불구하고 기도가 막 나오는 거 있지. 그날 엄마는 하나님께 이 아이만 세상에 잘 나올 수 있도록 해주신다면, 꼭 이 아이가 하나님의 일을 할 수 있도록 키우겠다고 약속했어. 이제서야 엄마도 그 약속을 지키게 되었네."

어떤 일을 하게 될지는 몰랐다. 하지만 부인할 수 없는 확신이 머리와 마음에 자리 잡았다. 기도를 드린 뒤 방에 들어와 멍하니 앉았다. '내가 지금 무슨 기도를 드린 거지?' 생각하면서도, 앞으로 어떤 일이 일어날지 기대하는 마음이 들었다.

"제가요? 에이, 제가 그걸 어떻게 해요. 저보다 훨씬 말 잘하고, 똑똑하고, 하나님을 잘 아는 자매나 형제를 선택해주세요. 저는 제가 할 수 있는 걸 하겠습니다. 법을 공부했으니 무료 법률상담을 할 수 있을 것 같고, 영어를 할 줄 아니까 번역이나 통역 봉사를 할게요. 아니면 청소를 잘할 수 있으니 교회 환경미화 봉사를 하겠습니다. 제가 할 수 있는 게 이것밖에 없네요. 죄송해요."

모세가 여호와께 아뢰되 오 주여 나는 본래 말을 잘하지 못하는 자니이다 주께서 주의 종에게 명령하신 후에도 역시 그러하니 나는 입이 뻣뻣하고 혀가 둔한 자니이다 여호와께서 그에게 이르시되 누가 사람의 입을 지었느냐 누가 말 못 하는 자나 못 듣는 자나 눈 밝은 자나 맹인이 되게 하였느냐 나 여호와가 아니냐 이제 가라 내가 네 입과 함께 있어서 할 말을 가르치리라 [출애굽기 4:10-12]

Moses said to the LORD, "Pardon your servant, Lord. I have never been eloquent, neither in the past nor since you have spoken to your servant. I am slow of speech and tongue." The LORD said to him, "Who gave human beings their mouths? Who makes them deaf or mute? Who gives them sight or makes them blind? Is it not I, the LORD? Now go; I will help you speak and will teach you what to say." [Exodus 4:10-12]

하나님의
일을
한다는
것은

내 나름으로 크리스천으로서 하나님을 위해 한 일이 많다고 믿어왔다. 교회에서 안내도 했고, 봉사활동도 많이 다녔고, 해외 선교도 다녀왔다. 내가 잘할 수 있는 일들이었기에 자신 있게 '하나님의 일을 했다'고 할 수 있었다. 하지만 가만히 생각해보면 그 모든 것들이 진정으로 하나님을 위한 것이었을까 의심이 든다. 하나님을 알리는 일을 한 것일까? 복음을 전한 것일까? 사랑을 베풀었을까?

안내 봉사는 함께 교회 다니던 친구들이 하기에 나도 동참한 것이었다. 각종 봉사활동도 하나님을 위해서라기보다는 이력 관리 때문이거나 친구들과 함께 추억을 만들려는 목적이 컸던 것 같다. 해외 선교도 처음에는 마음먹고 하나님의 일을 하고자 선택한 것이었지만 막상 가보니 나 자신을 위한 시간이었음을 깨닫고 돌아왔다.

하나님의 일이라 포장했지만, 따지고 보면 대부분 내가 할 수 있는 일, 내가 즐거운 일, 내가 편하게 할 수 있는 일들 위주였다. 사실상 온전히 하나님만을 중심에 두고 일한 적이 거의 없었다. 하지만 이번에는 무조건 하나님이 주신 일을 하겠노라 다짐했다. "어떤 일도 마다하지 않을 테니, 저를 사용해주시옵소서"라고 기도했기 때문이다. 그런데 문제가 생기고 말았다.

당장 무엇을 해야 할지도 모르는 데다, 더 큰 걸림돌은 바로 '두려움'이었다.

'자, 내가 할 수 있는 게 뭘까? 그래, 나는 영상 편집도 할 줄 알고 변호사니까 무료 법률상담을 해보는 건 어떨까? 아니지, 그건 한계가 있을 것 같아. 미국 변호사가 한국 법을 완벽히 상담하는 건 너무 어려운 일이야.'

'그럼 교회에서 할 만한 봉사활동이 있는지 알아봐야겠다. 뭐, 매주 화장실 청소도 괜찮을 것 같네. 누구에게 피해를 줄 일도 아니고, 회사 일로 바쁠 때는 양해를 구할 수도 있을 거야.'

'아니면 영어 수업? 영어를 할 줄 아니까 학생들을 무료로 가르치면 되겠다.'

'아! 이번에 《나의 하루는 4시 30분에 시작된다》가 출간되었으니 많은 청년들에게 무료로 배포할 수도 있고, 여러 곳에 강의도 나갈 수 있을 것 같아.'

내 선에서 하나님과의 약속을 지키기 위해 할 수 있는 것들이 무엇인지 찾아 나섰다. 되도록이면 사람들 앞에서 무언가 하기보다는 뒤에서 지원할 수 있는 일을 원했다. 무작정 앞에 나섰다가 감당하지도 못할 일을 저지를까 두려웠다.

하지만 이 역시 주야장천 생각만 했을 뿐, 굳이 내가 나서기보다는 나보다 더 훌륭하고 재능 많은 형제 자매들이 하는 게 나을 것이라는 변명을 떠올렸다.

"하나님, 저 말고 다른 친구를 사용해주세요. 전 정말 할 수 있는 게 없는 것 같아요."

✦

하나님의 일을 하겠다고 기도한 지 불과 일주일도 되지 않았다. 《나의 하루는 4시 30분에 시작된다》는 점점 더 많은 사람들의 관심을 끌었다. 재고가 모자랄 정도로 판매량이 폭발해 출판사에서 직접 서점으로 책을 실어 날라야 할 정도였다. 아무도 예상하지 못한 일이었다. 평소 조용했던 구독자들조차 책이 왜 서점에 안 보이냐며 개인 이메일과 유튜브 댓글로 성화였고, 각종 미디어에서 인터뷰 요청이 끊이지 않았다.

이번에도 하나님의 움직이심을 인지하지 못했다. 《나의 하루는 4시 30분에 시작된다》는 신앙 서적이 아니었다. 신앙적 내용을 의도적으로 숨겼기에 하나님이 이 책을 통해 움직이실 것이라 생각지 못했다. 그저 함께해준 많은 사람들이 고생해줘서, 그리고 내가 어느 정도 구독자를 가진 유튜버라서 책이 잘 팔린 것이라 여겼다. 물론 감사한 마음은 있었지만, 이것이 하나님께서 나를 사용하시기 위한 밑거름이 될 줄은 생각도 못한 것이다.

갑자기 각종 강의 요청과 텔레비전 프로그램 방송 섭외가 쇄도했다. 이게 무슨 일인지 생각할 틈도 없이 모든 일이 무척 빠른 속도로 진행되었다. 그러다 유명 프로그램 〈유 퀴즈 온 더 블럭〉에 나가게 되었는데, 이 모든 과정에서도 하나님께 쓰임받고 있다는 느낌은 별로 들지 않았다. 하나님에 대한 사랑은 전혀 드러내지 않았으며 크리스천이라고도 언급하지 않았기 때문이다. 나는 항상 긴장하고 있었다. 혹여나 내 잘못된 판단으로 하나님이 의도하신 바와 다르게 행동하지는 않을까, 내가 놓치는 것은 없을까, 도대체 언제쯤 일을 하게 하실까 긴장하며 대기했다.

하나님의 일을 하고자 기도한 이후부터 내 스케줄은 계획대로 되지 않았다. 평소 그렇게 철저히 일정을 관리하고 1분 1초를 아까워하며 하루하루를 계획하던 나였지만, 하나님이 움직이실 때 내 계획은 아무 의미가 없었다.

✦

각종 세미나, 대학교, 협회, 단체 등에서 들어온 강의 요청은 주로 새벽 기상과 관련된 이야기를 공유해달라는 것이었다. 새벽에 일어나서 무엇을 하는지, 왜 새벽 기상을 하는지 등의 주제가 많은 청년들의 관심을 끌었던 듯하다.

제안받은 강의료는 지금 버는 월급보다 훨씬 더 많은 금액이었다. '혹시 이것이 하나님의 뜻 아닐까?' 내심 기대하는 마음으로 하나님의 뜻을 구했다. 하나님께서는 기다리라고 말씀하셨다. 그러나 나는 이를 잘못 해석하고 말았다. 단지 내 두려움이 막고 있는 것이라 착각했다.

'이놈의 두려움을 극복하기 위해서는 정면 돌파하는 수밖에 없어!'라는 마음에 더 적극적으로 준비했다. 강의도 방송도 부담스러운 일이었지만 그럼에도 이번 기회를 통해 세상에 선한 영향력을 끼치고 싶었다. 하나님이 좋아하실 것이라 생각하며, 앞으로는 강의도 많이 나가자고 다짐했다.

이제 와서 드는 생각이지만, 얼마나 답답하셨을까? 하나님은 알고 계셨다. 바보처럼 하나님의 부르심을 잘못 해석하고는 무엇에 꽂혔는지 참 열심히도 강의를 준비했다. 어떤 식으로 강의할지 고민하고 있던 차에, 마치 길을 다시 인도해주시듯 내 계획과 가고자 하는 길을 막으셨다. 갑자기 무슨 이유에선지 회사에서 '앞으로 나의 모든 활동을 미리 보고하고 사장님 승인까지 받으라'는 지침이 내려온 것이다.

"이제부터 강의나 방송 출연은 사장님 승인을 받고 하도록!"
평소에는 불만을 드러내지 않던 상사가 급작스레 이렇게 이야기하니 덜컥 겁이 났다. 상사는 내가 최근 여러 방송에 출연하면서 혹여나 회사에 피해 가는 행동을 하지 않을까 우려했던 듯하다. 결국 이를 계기로 어떤 강의도 방송 활동도 하지 않게 되었다. 평소 방송이나 인지도에 큰 욕심이 없던 터라 별로 개의치 않았다. 하나님의 부르심을 듣기 전까지는 말이다.

"하나님의 일을 하겠습니다. 주님, 저를 사용해주세요"라는 내 기도는 계속되었다. 정확히 무엇을 하게 하실지는 모르지만 한 가지는 확실했다. 하나님께서는 자기계발 주제의 외부 강의가 아닌 하나님 사랑을 나누라는 마음을 주셨고, 나는 이 마음이 맞는다면 틀림없이 주님의 부르심이 있을 것이라 여기며 또 마냥 기다렸다.

얼마 지나지 않아 〈하늘빛 향기〉와 〈새롭게 하소서〉 등 각종 기독교 방송 프로그램에서 연락이 오기 시작했다. 새벽 기상의 계기와 하나님 사랑을 간증해달라는 요청이었다.

하나님이 움직이신 것임을 알면서도 의문이 들었다. 내가 크리스천인 줄 어떻게 안 거지? 교회에서 연락이 간 건가? 얼마 전 하나님께서 주신 "간증하라"는 말씀이 떠올랐다. 지금까지 받은 여타 방송 요청과는 다르게 머릿속에서 계속 맴돌았다. 그리고 두려움이 또 앞섰다. "하나님, 제가 해야 할 일이 간증이라니요? 어휴, 말도 안 돼요. 제가 무슨 간증을 해요."

일단은 하나님의 부르심을 거절했다. 그리고 정중히 사양하기 위해 방송국 측에 메일을 쓰려는 순간 "하나님의 일을 하겠습니다"라고 기도하던 내 모습이 눈앞에 떠올랐다. 그리고 하나님은 또다시 '하나님의 사랑을 공유하라'는 마음을 더욱 확고하게 주셨다. 결국 거절 메일은 승낙 메일로 바뀌었다. 이 확고함은 마치 오래전에 있었던 어떤 일이 한순간 떠오르는 느낌과 비슷했다. 이미 겪어본 듯한 자신감이 생겼다.

이번만큼은 회사의 지침을 생각하지 않았다. 어디서 나온 용기일까? 우선 녹화부터 하고 추후 문제가 되면 그때 방법을 찾기로 했다. 하나님의 인도하심이 너무나 명확했기에 두려움보다는 용기가 앞섰다. 현실적으로 생각했던 부분도 있었다. 이건 내 신앙생활이니 회사에서 관여하기 힘들 것이라 자신했다. 혹시 관여한다 할지라도 해결 방법 역시 주시리라 믿었다. 그리고 이렇게 기도했다.

"하나님, 하나님의 사랑을 나누는 게 쉬워서 방송을 나가는 것이 아닙니다. 어려워하는 만큼, 두려워하는 만큼 하나님과 더 가까워지고 싶습니다. 저 굉장히 두렵습니다. 너무 무섭습니다. 그럼에도 불구하고 하나님께서 부르시는 곳에 나가고자 합니다. 하나님께서 주신 말씀을 전하고자 합니다. 저를 사용하시라는 그 약속, 이제는 지키고자 합니다. 이런 제 모습 꼭 기억해주세요."

이렇게 나의 간증사역이 시작되었다. 방송 이후 많은 교회로부터 나와 하나님의 이야기를 공유해달라는 요청이 들어왔다. 하나님은 나보다 나를 더 잘 알고 계셨다. 하나님의 일을 하겠다고 약속한 순간부터 하나님을 높이고 크리스천임을 숨기지 않을 것을 알고 계셨고, 힘든 시간 중에도 꿋꿋이 하나님께 구하며 동행할 것을 알고 계셨고, 어떤 일이 닥쳐도 기도를 잊지 않을 것을 알고 계셨고, 하나님이 아닌 다른 사람들을 따라가지 않을 것을 알고 계셨고, 겁이 많은 편이지만 막상 시키면 잘할 것도 알고 계셨다. 나도 몰랐던 나 자신을, 하나님은 정확히 알고 계셨다.

✦

간증을 했으니 이제 내 일은 다 했다고 생각했다. '이 정도면 됐겠지? 하나님, 저 잘했죠?'라며 뿌듯해했다. 하나님도 기뻐하실 것이고 나 역시 온전히 하나님을 위해 무엇인가를 할 수 있었다는 사실에 큰 자부심을 가졌다. 그런데 끝이 아니었다.

어느 날 갑자기, 〈하늘빛 향기〉와 〈새롭게 하소서〉에서 내 간증을 본 한 출판사 편집자에게 출간 제의 메일을 받았다.

"방송을 보다가 기획 아이디어가 떠올랐어요. 자기 성장을 원하면서도 동시에 하나님 안에 머물 줄 알고, 이를 통해 무엇이든 해낼 수 있는 힘을 얻는다는 부분에서 하나님을 사랑하는 젊은이들에게 어필이 될 것 같아요."

감사했지만 이제 내가 할 일은 다 했고, 나머지는 우리 청년들과 하나님이 하실 일이라는 생각에 회신하지 않았다. 무엇보다 기독교 출판사가 아닌 경우 신앙생활과 간증에 대한 이야기를 집필하는 데 분명 한계가 있을 것이라 생각했다. 책을 출판하는 과정 가운데 어려움을 겪고 싶지 않았다.

이런 나의 우려를 안 걸까? 다음 날 다시 메일이 왔다.

"아, 그리고 저희와 책 작업을 하게 되면, 이전 작에서 드러내지 못했던 신앙적인 부분을 마음껏 쓰실 수 있는 환경을 만들어드리고 싶습니다."

하지만 여전히 걱정과 두려움이 앞섰고, 다른 출판사와 이미 작업 중인 원고가 있다는 평계로 정중히 거절했다.

시간이 지나, 두 번째 책《지금은 나만의 시간입니다》를 출간하게 되었다. 혼자만의 시간을 통해 하나님과 더 가까워지길 바라는, 내 나름의 깊은 의미가 담긴 책이었지만 역시 신앙 서적은 아니었다. 여러 번 고민했다. 이 책에 간증을 추가하면 어떨까? 그러나 여전히 용기는 나지 않았다.

나는 무엇이 그렇게 두려웠을까? 글솜씨가 부족해서, 성경 지식이 부족해서, 아니면 사람들 시선이 두려워서였을까? '정말 하나님 뜻이라면 내가 당장은 못 알아들어도 여러 번 알려주시겠지. 확고한 응답을 주실 때까지 기다리자'는 마음이었던 듯도 하다. 어쩌면 신앙에 관한 책은 내가 할 일이 아님을 확신했던 것일지도.

하지만 신앙에 관한 책이 마음에서 떠나지 않았다. 어떤 책을 쓰고 싶은지 두루뭉술한 구성까지 머리에서 계속 맴돌았다. 서점에 가면 유독 종교 분야에만 관심이 갔다. 간증을 준비할 때는 미리 글로 대본을 작성하곤 했는데, 어느새 이걸 그대로 책으로 출간해도 될 만큼의 양이 모였다. 나도 모르는 사이 준비를 하고 있었던 것이다.

그리고 어느 날 한 교회 담임목사님의 비서분에게서 연락이 왔다. "저희 목사님께서 변호사님께 선물을 보내드리고자 하는데

주소 좀 알려주실 수 있나요?" 기독교 방송 출연 후 많은 교회에서 연락이 왔던 터라 깊게 생각하지 않았다. 얼마 후 맛있는 간식과 함께 편지 한 장이 도착했다.

"청년들을 위한 책을 내주세요. 우리 청년들에게 도움이 필요합니다."

머리로만 생각했던 내용이 마음 깊이 꽂히는 순간이었다. 나는 이 새로운 주제를 두고 기도했다.

"하나님, 명확하게 응답해주세요. 제가 이 책을 써도 되는 걸까요? 너무나 부족한데, 지식도 능력도 없는 제가 하나님이 주신 사명을 따를 수 있을까요?"

하나님의 사랑을 전하는 것은 문제 되지 않았다. 하지만 의문이 들었다. '무슨 간증을 하라는 거지?' 나는 지극히 평범한 청년이다. 사람들의 관심을 받을 만큼의 사건이 있던 것도 아니고, 간증으로 사람들을 전도할 만큼 남다른 스토리도 없었다. 하지만 하나님은 내 생각과 걱정을 무시하고 마치 기다리셨다는 듯 많은 지원군을 보내주셨다. 앞서 〈하늘빛 향기〉와 〈새롭게 하소서〉를 보고 연락 온 출판사는 물론, 나를 위해 기도해줄 믿음의 동역자들, 그리고 책이 세상에 잘 나올 수 있도록 함께해주시는 목사님들의 지원까지 끊이지 않았다. 가장 신기했던 건 성령님께서 정확히 어떤 내용을 간증해야 할지 마음에 심어주셨다는 사실이다.

나는 아무것도 할 게 없었다. 하나님의 움직이심이 확연하게 보였다.

책 읽기는 물론 글 쓰는 것도 별로 좋아하지 않던 나를 첫 번째 책과 두 번째 책을 통해 훈련하셨다. 지난 36년 동안의 외로움, 홀로서기, 불안감, 좌절감에 대한 이유를 알게 되었다. 그 모든 순간들은 하나님의 훈련이었다. 하나님의 계획과 훈련 없이는 이 책을 절대 집필하지 못했을 것이다. 평범한 일상 속에서 은밀하게 개입하신 주님과 나의 사랑 이야기는, 직접 경험하지 않으면 글로 표현할 수 없을 일이었다.

하나님의 일을 하기 위해서는 특별한 자격증이 필요한 게 아니다. 직접 경험한 동행의 시간을 바탕으로 준비시키신다. 하나님이 알아서 훈련시키고 채워주시는 것이었다. 나는 꽤 오랜 시간 훈련을 받아야 했다. 하지만 하나님께서는 내가 걸어온 삶의 모든 순간들과 '나'라는 영혼을 모아 하나의 패키지로 만드셨다. 그 패키지는 하나님의 일을 하기 위해 필요한 무기가 되었다.

넘어질 때마다 이런 하나님의 계획을 말해주는 누군가가 있었다면 나는 틀림없이 계속 누워 있었을 것이다. 아니, 도망쳤을 것이다. '내가…? 말도 안 되는 소리! 난 간증할 만한 별다른 이야기도 없고, 능력도 실력도 없는데?' 하며 숨었을 것이다. 하지만 그렇지 않았다. 우리 모두의 삶에는 하나님과 나만의 특별한 스토

리가 담겨 있다. 그 이야기를 너무 당연하게 생각하거나, 특별하
게 여기지 못했을 뿐이다.

기도하는 모습을 영상에 담고, 하나님의 사랑을 고백하고, 간증 영상을
유튜브에 올리는 등 조금씩 하나님 일을 하기로 마음먹은 그 순간부터
꽤 많은 부정적 피드백이 들어왔다. 사실 내게 딱히 물질적 이득을 주는
일도 아니었다. 오히려 사람들에게 핀잔만 받았을 뿐이지.

"아니, 이런 거 왜 올려요?", "변호사님 실망입니다. 기독교셨군요. 구독
취소합니다. 변호사님이 쓰신 책도 다 팔 거예요", "뭐야, 열심히 사는 사
람이라 응원했더니. 뭐? 하나님의 사랑으로 해낸 거라고? 웃기시네!"

그래도 변호사가 운영하는 채널이라 평소 악플을 찾아볼 수 없었는데,
간증 영상을 올린 후에는 많은 미움을 받았다. 하지만 괜찮았다. 내 의무
는 사람들을 설득하는 것이 아니다. 나는 심었고 물을 주었으니, 나머지
는 하나님이 알아서 해주실 것이다. 예수님조차 많은 인간들에게 미움을
받으셨다. 내가 주님 때문에 미움받는 것은 괜찮았다. 하나님을 알리면
서 받는 미움은 전혀 아무렇지 않았다. 다만 나의 행동으로 주님 이름에
먹칠을 할까 조심스러웠을 뿐이다.

많은 사람들이 변호사도 될 수 있고, 유튜버도 될 수 있고, 작가도 될 수 있다. 이런 건 그냥 마음먹고 노력하면 된다. 하지만 모든 사람들이 하나님의 종이 되지는 않는다. 나는 하나님이 주신 달란트인 영상 제작과 글을 쓸 수 있는 능력을 주님의 일을 위해 사용하기로 했다. 그리고 기도했다. 그러자 내가 겪었던 모든 경험들, 주신 선물들, 모든 기회들을 취합한 나만의 '패키지'를 만들어 나를 사용하시기 시작했다.

또 너희가 내 이름으로 말미암아 모든 사람에게 미움을 받을 것이나 끝까지 견디는 자는 구원을 얻으리라 [마태복음 10:22]
You will be hated by everyone because of me, but the one who stands firm to the end will be saved. [Matthew 10:22]

PART 3.

하나님의
발자국을 보다

앞만 보고 걸어왔다. 잠시 쉬는 사이 뒤를 돌아보니 하나님의 발자국
이 보였다. 이제서야 알 듯하다. 내가 걸어온 그 길, 결코 혼자가 아니었
음을.

외로움을 경험해야 했던 이유를 오랜 시간 오해했던 것 같다. 내가 원
하지 않는 일들, 이해할 수 없는 일들은 하나님이 나를 잊으셨기 때문이
라 생각했다. 나는 특별하지 않기에, 부족했기에 이 어려운 시간을 보내
는 것이라 착각했다. 하지만 그 반대였다. 주님은 나의 삶에 개입하고 계
셨다. 비록 내 눈에는 어두워 보였어도 다른 사람에게 띄지 않는 곳에서,
오로지 하나님만 볼 수 있는 곳에서 단련되고 있었다.

함께 들으면 좋은 찬양

"왜 나를 깊은 어둠 속에 홀로 두시는지 어두운 밤은 왜 그리 길었는지.
나를 고독하게 나를 낮추시게 세상 어디도 기댈 곳이 없게 하셨네.
광야 광야에 서 있네. 주님만 내 도움이 되시고 주님만 내 빛이 되시는 주님만
내 친구 되시는 광야 주님 손 놓고는 단 하루도 살 수 없는 곳 광야 광야에 서 있네."

〈광야를 지나며〉 中, 히즈윌

"내 맘대로 가면 행복할 줄 알았지. 가고 또 가도 더 목이 마르고.
내가 원하던 곳은 이곳이 아닌데 돌아갈 수 있을까." 〈돌아가는 길〉 中, 히즈윌

하나님
만나러
가는 길

"엄마 우리 어디 가?"

분명 여행을 가는 건 알았지만 어디로, 왜, 언제 가는지는 알 수 없었다. 밖에서는 아빠와 이삿짐을 옮기는 아저씨들이 바쁘게 짐을 정리하는 소리가 들렸다.

"응, 우리 가족 모두 좋은 곳으로 긴 여행을 갈 거야."

"언제 돌아와?"

"글쎄. 근데 가면 이제 유진이는 더 많은 체험을 할 거고, 영어도 배우고, 새로운 친구도 만나고, 좋은 환경에서 지낼 거야."

"학교는? 은혜 다시 볼 수 있어?"

은혜는 당시 나와 가장 친했던 친구였다.

"방학 때 한국 오면 볼 수 있어."

"응, 신난다."

긴 여행이라는 말의 의미는 알지 못했다. 앞으로 벌어질 일도 알지 못했다. 기억에 남는 한국에서의 최후의 추억은 마지막으로 학교에 간 날이었다. 조용한 학교 복도를 걷고 있었다. 모두 수업 받는 시간, 나는 교실문을 열었다. 울고 있는 친구들, 그리고 내 책상에 놓여 있던 많은 선물들. 하지만 슬프지 않았다. 난 어딜 가나 사랑받는 아이였고, 어딜 가나 친구가 많았다. 모두 날 좋아해줬고, 원하는 건 다 할 수 있었다. 앞으로도 그럴 것이라는 생각에 그저 기쁘기만 했다. 헤어짐이 두렵지 않았다. 나는 긴 여행을 떠나는 거니까. 다시 돌아올 거니까. 아니, 돌아오지 않아도 더 좋은 환경에서 새로운 친구를 많이 만나고, 무엇보다 비행기를 타고 어딘가 멀리 떠나는 건 즐거운 일이니까.

괜찮았다. 헤어짐의 의미를 아직 몰랐기 때문에 슬픔도 느끼지 못했던 것 같다. 이별을 경험해본 적이 없어 어떻게 반응해야 할지 몰랐던 걸까? 비록 어린 나이였지만, 그렇게 내 삶의 다음 챕터를 향한 여정이 시작되었다.

비행기 안은 신기했다. 모든 게 재미있고 즐거웠다. 아이들에게 나눠주는 비행기 장난감도 좋았고, 기내식도 나쁘지 않았다. 두근거렸다. '나는 앞으로 무엇을 하게 될까? 자고 일어나면 다른 나

라에 도착해 있겠지?'

"유진아, 일어나봐. 뉴질랜드 다 왔어."

창밖을 보여주려고 창문 커버를 올리던 엄마의 모습이 아직도 생생하다.

"드디어 도착이다!"

비행기가 착륙하는 소리와 진동에 순간 놀랐지만 긴장감은 금세 설렘으로 바뀌었다. 엄마 아빠만 있으면 무서울 게 없었다. 가만히 있어도 다 알아서 해줄 것 같았기에, 지금까지 살면서 내가 원하는 건 전부 얻을 수 있었기에 앞으로도 그럴 것이라 굳게 믿었다.

뉴질랜드에 도착해서는 예상대로 즐거운 여행을 했다. 학교에 안 가도 돼 엄마 아빠랑 매일 외식을 하면서 여러 장소에 방문했다. 한국에서 짐이 와 안착하기 전까지 우리는 많은 곳을 돌아다녔다. 어려서였을까? 걱정이 없었다. 두려움도 거부감도 아픔도 없었다. 엄마 아빠는 새로 살 집을 구하고, 내가 다닐 학교를 알아보고, 앞으로 살면서 필요한 것들을 준비하느라 힘드셨겠지만 아무것도 모르는 나는 그저 좋았다. 공기도 달랐고 사람들도 달랐고 그 나라만의 냄새와 문화도 나쁘지 않았다.

난생처음 밖에서 맨발로 뛰어다녀보기도 했다. 학교나 학원에 가야 할 필요도 없었고, 숙제 부담도 없었다. 달콤한 생활이었다.

요즘과 다르게 예전에는 한국에서 컨테이너로 짐을 부치면 뉴질랜드에 도착하기까지 몇 달이 걸리곤 했다. 너무 오랫동안 학교를 안 다닐 수는 없어서, 정착할 때까지 임시로 지내던 곳 인근 학교에 입학했다.

등교 첫날은 부모님의 손을 잡고 갔다. 새로운 친구들을 만난다는 기쁨과 학교 끝나고 다 같이 놀 생각으로 들떠 있었다. 무엇보다 당시 부모님이 친하게 지내던 가족이 있었는데, 그 가족의 딸도 마침 같은 학교라서 이미 나는 친구가 한 명 생긴 셈이었다. 아, 그 친구는 피지Fiji인으로 전혀 말은 통하지 않았지만, 내가 이상한 영어를 쓰거나 한국말을 해도 항상 웃는 친구였기 때문에 소통에 문제가 없었다.

오랜만에 아침에 학교 가방을 멨다. 뉴질랜드로 이민 오고 몇 개월 만에 학교에 가는 터라 마음속은 기대감으로 가득했다. 한국에서 사온 새 가방에 도시락을 들고 내가 좋아하는 반짝이 신발을 신었다. 모두가 예쁘게 봐줄 것이라는 생각에 기분이 좋았다. 부모님의 친구 딸은 다른 반이었다. 점심 시간에 나를 만나러 온다고 하는 것 같았는데, 정확히 어디서 어떻게 만날지는 몰랐다. 그래도 전혀 걱정하지 않았다. 항상 그랬듯 다들 알아서 찾아와줄 것이라 믿었다.

새로운 친구들이랑은 어색하지 않았다. 말이 안 통했을 뿐이다.

한국에서 배운 영어, "하이, 하우 아 유? 아임 파인 땡큐 앤쥬?"를 반복하며 친구들에게 인사를 건넸다. 다들 친해지고 싶어 하는 느낌이었고, 특히 내 머리방울과 반짝이 구두에 관심이 많았다. 무슨 말을 건네기는 했는데, 아직도 그들이 뭐라고 했는지는 모르겠다.

나는 사랑만 받으며 살아온 아이였다. 모두가 날 좋아해주고, 이해해주고, 챙겨주고, 함께해줬기 때문에 누군가를 경계하거나, 거리를 두거나, 그들이 하는 말에 상처받는 걸 모르는 아이였다. 그래서일까? 처음 몇 시간은 친구들과 그런 대로 잘 지냈다고 생각했다. 점심 시간이 되기 전까지는 말이다.

점심 때 먹을 도시락을 엄마가 싸줬는데, 엄마도 외국 생활은 처음이어서일까. 음식 냄새가 문제 될 것이라고는 예상하지 못하셨던 것 같다. 한국에서는 급식으로 밥, 반찬, 국, 후식까지 나왔는데, 이곳에서는 빵에 잼을 한 겹 바른 샌드위치가 전부였다. 한국에서는 급식 시간에 같은 음식을 같은 반 친구들과 함께 먹었는데, 이곳은 그렇지 않았다. 각자 알아서 점심과 간식을 챙겨와야 했고, 제각기 다른 음식을 먹었다. 다만 대부분 비슷한 종류의 음식이었다. 샌드위치 아니면 과일, 작은 봉투에 담아온 과자가 다였다. 자유롭게 교실을 나가 다른 반 친구들과 먹어도 되고, 아니면 교실 책상에 앉아 먹을 수도 있었다.

'어떻게 저것만 먹을 수 있지? 친구들이 배고플 수 있으니 내 것을 같이 먹으면 좋겠다. 그런데 숟가락이 하나뿐이네? 어쩌지?'라는 생각이 들었다. 교실 안 책상에 앉아 점심을 먹는 게 익숙했던 나는 당당히 책상에 앉아 도시락을 열었다. 그 순간 음식 냄새가 순식간에 퍼졌고 주변 친구들이 다가왔다. 친구들은 영어로 내게 말을 건넸다.

처음에는 "우와, 맛있겠다! 이게 무슨 음식이야?"라고 들렸다. 물론 알아들었을 리가 없다. 내가 알고 있는 단어로만 듣고 싶은 대로 해석했던 것이다. 하지만 그들의 표정과 움직임을 보니 그게 아니었다. "으악! 냄새나! 더러워! 이게 뭐야!"라고 하는 것임을 눈치챘다. 그리고 가까이 와 냄새를 맡더니 다짜고짜 침을 뱉었다. 그냥 퉤퉤 뱉는 정도가 아니라, 음식 가까이 가서 입속에 잔뜩 모아놓은 침을 뱉었다.

이런 일은 처음이었다. 너무 충격적이었다. 심장이 뛰고 얼굴이 빨개지며 패닉이 왔다. 몸이 굳어버렸다. 그사이 다른 친구는 교실 앞 화분에서 흙과 섞인 모래를 한 움큼 가져와 도시락 안에 소금 뿌리듯 뿌렸다. 분위기만 봐서는 아무렇지 않은 척을 해야 할 것만 같았는데, 그 친구들처럼 웃으며 즐거워하는 척이라도 해야 했는데 충격이 큰 나머지 가만히 얼어버렸다. 난생처음 마음에 깊은 상처를 입은 난 이 상황을 피해야 한다고 생각했다.

단 한 번도 느껴보지 못했던 불편함, 불안감, 그리고 두려움. '어떻게 해야 하는 거지?' 긴 여행을 왔다는 설렘도 잠시, 순간 여러 감정이 몰아쳤다. 다시 한국으로 돌아가고 싶었다. 친구들이 보고 싶었다. 내가 받았던 사랑이 그리웠다.

나는 앞에 있던 친구를 밀고 도시락을 든 채 화장실로 향했다. 쓰레기통에 음식을 다 버리고 잠시 멍하니 서 있었다. 교실로 돌아가기 싫었다. 그렇다고 누가 나를 찾아 데리러 올 것 같지도 않았다. 예전에 받았던 친구들의 사랑과 관심은 이제 존재하지 않았다. 한참을 화장실에서 외롭게 홀로 서 있다 점심 시간이 끝나는 종소리가 들리고 나서야 교실 안으로 들어갔다.

이미 수업을 시작한 후였다. 어딘지 모르게 분위기가 살벌했다. 선생님이 나를 찾고 있었는데, 뭔가 이상했다. 걱정하거나 위로해 주려는 모습이 아니었다. 한국에서 선생님들이 주었던 관심, 사랑과는 다른 서늘함이 느껴졌다. 나를 찾고 있던 것은 분명한데, 마치 도망 다니는 벌레를 잡는 듯 화가 많이 나 있었다.

"유진! 당장 이리로 오렴!" 오전까지만 해도 친절하고 상냥했던 선생님의 목소리에서 굵고 묵직한 소리가 나왔다. 이 말은 알아들었다. 그러나 다행인지 불행인지 그다음 말은 알아듣지 못했다. 분위기상 대충 짐작은 할 수 있었기에 눈에는 눈물이 고였고 두려움에 손이 떨렸다. 그러나 내 편은 없었다. 아무도 내게 손을 내밀어주지 않았다.

　아까 내가 밀었던, 도시락에 침을 뱉은 친구는 울고 있었고 주변 친구들은 모두 그 친구를 토닥이고 있었다. 선생님의 한 손은 허리춤에, 또 한 손은 울고 있는 아이의 어깨 위에 있었다. 말은 이해하지 못했지만 선생님의 표정과 말투, 말하는 속도, 그리고 다른 친구들의 분위기로 얼추 알 수 있었다. 나는 친구를 밀고 나가버린 나쁜 아이였고, 그 친구는 밀어서 넘어진 불쌍한 아이가 되었다. 나한테 지금 무슨 일이 일어난 거지?

✦

　다음 날도 어김없이 점심 시간이 다가왔다. 친구들이 다시 내 주변에 모였다. 하지만 나는 도시락을 열지 않고 바로 화장실로 향했다. 그냥 굶어도 됐을 텐데 아침에 들었던 엄마의 목소리가 떠올랐다. "엄마가 유진이 좋아하는 볶음밥 넣었어. 꼭 다 먹어야 해." 배가 고프지 않더라도 남기면 안 될 것 같았다. 지금 돌아보면 참 바보 같다 싶지만 막상 그 상황에선 이게 옳은 것 같았다.

　나는 도시락을 들고 변기에 앉았다. 참고로 당시 뉴질랜드에서는 변기에 뚜껑이 없었다. 그냥 말 그대로 변기뿐이었다. 더 비참했던 것은, 변기에 앉으면 사람 무릎이 보일 정도로 문 아래가 높았다. 그러다 보니 혹여나 누가 아래로 머리를 넣어 날 쳐다보지는 않을까 조마조마해하며 밥을 먹었다.

첫 등교 후 3~4일이 지나서야 점심 메뉴의 중요성을 깨달았고, 엄마에게 간단히 샌드위치만 싸달라고 졸랐다. 슈퍼에 가서 친구들이 먹는 과자랑 비슷하게 생긴 제품도 샀다. 딱히 먹고 싶었던 건 아니지만, 그들과 똑같은 과자를 먹으면 튀지 않을 것 같았다.

드디어 다음 날 점심 시간. 어제처럼 모두 나를 쳐다보았고, 한 남자 아이는 내가 도시락 꺼내기를 기다렸다. 나는 그들과 똑같은 지퍼백에 담긴 샌드위치 하나와 작은 오렌지주스, 그리고 과자 한 봉지를 꺼냈다. 그 남자 아이는 내 지퍼백을 들더니 "샌드위치!"라고 말했다.

"Sand-wich." 천천히 말하며 샌드위치 발음을 알려줬다. 그 애가 무슨 의도로 그랬는지는 아직도 모르겠다. '오늘은 샌드위치네?'라고 한 것인지, 단순히 발음을 알려주려고 한 것인지. 어쩌면 아무 의도 없이 그냥 말이 걸고 싶은 거였을 수도 있다. 나는 그들의 말 자체도 못 알아들었을뿐더러, 당연히 말의 의도 역시 알 수 없었다. 답답했다. 하지만 이건 내 답답한 삶의 시작일 뿐이었다. 이해할 수도, 해석할 수도, 예측할 수도 없는 '삶의 목적'을 깨닫기 위한 첫 단계였다.

하나님,
처음
인사드립니다

"앞으로 유진이 잘 부탁드리겠습니다."

부엌에서 엄마와 어느 아주머니가 대화하는 틈을 타서 집 구경을 했다. 크지는 않았지만 방 3개에 화장실 2개가 딸린 평화로워 보이는 가정집이었다. 무심코 들어갔던 어느 방. 침대 2개가 나란히 배치된 방 한쪽에는 책상과 화장대가 놓여 있었다. 여자 향수 냄새가 가득했고, 책상에는 각종 화장품과 음악 CD들이 있었다. '누구의 방일까?' 들어가서 더 구경하고 싶었지만 조용히 방문을 닫았다. 집으로 들어오는 입구 쪽에 또 다른 방이 있어 문을 열었다. 처음 들어갔던 방보다는 깨끗했다. 아니, 아무것도 없었다. 텅 그러니 2층 침대가 놓인 그 방은, 환기 중인 듯 베란다 문이 열려 있었다.

"유진아, 이만 가자"라는 엄마 목소리에 나는 다시 부엌으로 향했다.

"앞으로 유진이가 함께 지낼 전도사님이셔. 인사해."

"안녕…하세요."

영문도 모른 채 인사를 했다.

"그럼 내일 짐 챙겨서 오겠습니다. 저희 딸 잘 좀 부탁드려요."

부모님은 정기적으로 한국과 뉴질랜드를 왕래했다. 외동딸이었던 나는 뉴질랜드에 남아 학교를 다녀야 했고, 부모님이 한국으로 갈 때마다 다양한 가족들과 지냈다. 뉴질랜드에는 한국에서 온 유학생들이 많아 하숙집에서 사는 것이 특별한 일은 아니었다. 지금까지는 부모님이 단기간 출장 다니듯 한국과 뉴질랜드를 오갔기에 나와 떨어져 있는 시간이 많지 않았다. 보통은 친구 집에 있거나 베이비시터가 나를 돌보았다. 그런데 이번에는 달랐다. 최소 몇 달은 부모님과 떨어져야 해 정식으로 홈스테이 집에 머물게 된 것이다. 다음 날, 커다란 검정 이민가방을 질질 끌며 어제 만났던 전도사님 집으로 향했다.

"유진아. 전도사님 말씀 잘 듣고, 무슨 일 있으면 엄마한테 바로 전화해."

"컬렉트콜 할 줄 알지?" 당시는 전화카드를 구입해 국제 전화를 하던 시절이었는데, 급할 때는 수신자가 비용을 부담하는 컬렉트콜로 엄마와 통화하곤 했다.

"엄마 안 가면 안 돼?"

얼굴이 붉어지고 금세 눈물이 차올랐다.

"나 그냥 엄마 아빠 따라 한국 가면 안 돼? 너무 외로워, 엄마."

"엄마 아빠 금방 올 건데 왜 또 그러니. 여기서 공부 열심히 하고, 영어 많이 배우면 다시 한국 갈 거야."

✦

내 몸집보다 큰 이민 가방을 정리하느라 이모(전도사님)는 정신 없이 바쁘셨다. "유진이가 예쁜 옷이 많구나" 하며 하나씩 옷을 꺼내셨지만 나는 가만히 서 있었다. 짐을 꺼내면 안 될 것만 같았다. 어차피 내일 엄마에게 전화해서 한국 간다고 할 거니까. 나는 이미 이곳에 있지 않겠다고 마음을 정했고, 어떻게든 부모님께 이야기하면 바로 한국으로 돌아갈 수 있을 거라 생각했다.

얼마 지나지 않아 집에 누군가 들어왔다. 함께 지낼 언니, 오빠 들이 학교를 마치고 온 것이었다. "얘 누구예요?" 네 명의 언니, 오빠 들은 신기한 듯 나를 바라보았다. 한 언니는 코에 피어싱을 했고 머리는 노란색이었다. 담배 냄새가 진하게 났다. '담배 피우는 것 같은데 안 혼나나?' 다른 언니는 안경을 썼고 긴 생머리에 딱 봐도 공부를 잘할 듯한 모범생 스타일이었다. '이 언니랑은 친해질 수 있을 것 같아.' 그리고 키가 크고 무뚝뚝해 보이는 오빠와 그 옆에는 또 다른 오빠가 개구쟁이 같은 표정을 짓고 있었다.

"여기 이제 방 없는데 얘는 누구랑 있어요?"

"우리 방은 안 돼요. 지금도 좁아요. 침대도 2개밖에 없고요."

맞는 말이었다. 방이 없었다. 한 방은 언니들이, 또 다른 방은 오빠들이 사용하고 있었다.

"이모, 저는 어디서 자요?"

나는 살짝 당황해 물어보았다.

"유진이는 이모랑 같이 자면 돼." 그러고 보니 지난번 방문 때와 다르게 이모 방에 매트리스 침대가 2개 놓여 있었다. 다행이었다. 어둠과 외로움을 무서워하던 내게 그나마 희소식이었다. 밤에 함께 잘 수 있는 이모가 있다는 것만으로 조금 안심이 되었다.

나는 밤을 싫어했다. 밤마다 알 수 없는 외로움이 나를 더 괴롭혔기 때문이다. 모두가 자는 시간에 외로움과 싸워야 했기에, 밤은 최대한 짧고 빨리 지나가야 하는 시간이었다. 그래서일까? 깊게 잠들지 않았다. 작은 소리에도 잘 깼고, 잠이 들어야 시간이 빨리 간다는 생각에 억지로 잠을 청하곤 했다.

다음 날 새벽, 누군가의 속삭임이 들렸다. 눈을 떠보니 방문 사이로 거실에 불이 켜져 있는 게 보였다. 옆에 이모가 없는 걸 알고 졸린 눈을 비비며 거실로 향했다. 무릎을 꿇은 채 몸을 앞뒤로 흔들며 혼잣말을 하는 이모를 발견했다. 순간 너무 무서웠다. 멀쩡한 의자를 옆에 두고 땅에 무릎을 꿇은 모습도 이해가 안 갔지만, 알아들을 수 없는 혼잣말을 하는 이모의 모습은 그 이상으로 충격적이었다.

"이모…. 뭐 하세요?"

이모는 대답하지 않으셨다.

"이모, 무서워요. 뭐 하세요!"라고 소리 지르자 그제서야 이모는 "유진이 일어났니? 여기 와서 앉아. 이모가 기도해줄게"라고 하셨다. "아니요, 괜찮아요. 이모 안 자요?" 격하게 거부하며 짜증을 내면서도 혼자 다시 방으로 들어가는 것이 무서워 이모 옆에 앉았다.

"뭐 하세요?" 이모는 대답하지 않았다. 하지만 나를 꼭 안아주셨다. "하나님, 우리 유진이를 위해 기도합니다." 난 이모 품에 안겨 아무 소리도 내지 않았다. 이모가 아직 어색했다. 이 상황이 싫었다. 무슨 기도를 하는 걸까? 누구에게 하는 걸까? 어떻게 다른 나라 말 같은 소리를 내는 거지?

하지만 아무것도 묻지 않았다. 무서웠다. 무엇보다 설명해주지 않아도 대충 짐작할 수 있었기 때문이었다. 이 집에 귀신이 있는 게 틀림없다. 내일 엄마에게 빨리 와서 나를 데리고 가라고 해야겠다.

✦

의외로 그날 아침 이모는 멀쩡했다. 아무렇지 않게 화장을 하고 하루를 준비하셨다.

"유진아, 얼른 학교 갈 준비해야지."

"네."

태연한 듯 대답했지만 마음은 혼란스러웠다. 나는 그날 새벽을 잊을 수가 없다. 아무것도 할 수 없을 만큼 무서웠다. 바로 엄마에게 연락해서 말하고 싶었지만, 저녁에 이모에게 허락을 받아야 전화할 수 있었기에 우선 기다려보기로 했다. 다음 날도, 그다음 날도 이모의 이상한 행동은 계속되었다. 새벽마다 이모의 혼잣말 때문에 깼고, 가끔은 어디론가 나가는 듯 문 여는 소리에 깨기도 했다. 하루는 조용히 방문을 열고 나가는 이모에게 물어보았다.

"이모, 새벽에 어디 가요?"

"이모 교회 다녀올게."

"교회가 새벽에도 열어요?"

일요일만 가는 곳인 줄 알았는데 새벽에도 갈 수 있구나. 이모는 졸린 눈을 비비며 침대에서 나오는 나를 보고는 이렇게 이야기하셨다.

"유진이는 이모랑 일요일에 교회 갈 거야. 이모가 빨리 다녀올게. 자고 있으렴."

✦

"얘들아, 교회 갈 준비 다 됐니? 이번 주일은 꼭 지키자."

부엌에서 이모가 큰 소리로 언니, 오빠 들을 불렀다.

"저 이번 주는 못 가요."

이모의 말이 끝나기가 무섭게 노랑머리 언니가 대답했다.

"저두요!"

"저두요!"

나머지 언니, 오빠 들이 따라 대답했다.

"알았어."

이모는 딱히 이유를 묻지는 않았다.

지금 생각해보면 아무리 설득해봤자 안 올 걸 알았기 때문에 이유를 묻지 않으신 듯하다. 나는 아무 대답도 하지 않았다. 약속이 없었다. 내 나이 고작 10살. 누구와 무슨 약속이 있겠는가.

"그럼 유진이랑 다녀올게. 점심은 알아서 챙겨 먹어." 그렇게 나는 선택의 여지도 없이 이모와 함께 교회에 갔다. 넓은 주차장에 비해 교회 내부는 아담했던 것으로 기억한다. 바닥엔 카펫이 깔려 있었고, 곳곳에 아이들 그림이 걸려 있었다.

"이건 누가 그린 거예요?" 나는 신기해하며 이모에게 물었다. "교회 다니는 친구들이 그린 그림이야." 이모가 대답했다. "여기 친구들은 일요일 날 다 같이 모여서 그림도 그리고, 노래도 부르고, 맛있는 간식도 먹어"라며 앞으로 매주 일요일마다 무엇을 하게 될지 설명해주셨다. 난 그림들을 보며 '언젠가는 내 그림도 벽에 붙여야지'라고 생각했다. 덕분에 교회의 첫인상은 나쁘지 않았다.

하지만 한 번에 익숙해지긴 힘들었다. 나는 이모 옆에 꼭 붙어 떨어지기를 거부했다. 낯을 심하게 가렸고 겁도 났다. 모르는 사람과 서슴없이 친해지고 항상 밝았던 과거의 성격은 온데간데없었다.

이모 옆에 앉아서 예배를 드렸다. 예배는 시작도 안 했는데 잔잔한 찬송가 때문에 잠이 와 빨리 집에 가고 싶어 했던 기억이 난다. 지금 생각해보니 교회에서는 이모에게 종종 혼이 났다. 집에서는 한없이 따뜻하다가도, 교회에서는 철없는 내 태도를 엄하게 다루셨다.

"이모, 이거 언제 끝나요?"

물어봤지만 이모는 내 손을 잡은 채 눈을 감고 아무 말도 하지 않았다.

"이모, 자요?"

눈치 없이 계속 질문을 던졌다. 하지만 이모는 입에 손가락을 대고 "쉿!" 하며 아무 대답을 하지 않았다. 찬양할 때 이모는 들고 있던 성경책을 내가 잘 볼 수 있도록 펴서 보여주었다. 나는 당연히 관심이 없었다. 기도드릴 때는 모두가 눈을 감았지만 나는 감지 않았다. 기도하는 사람들이 신기했기 때문이다.

이모는 "하나님, 우리 유진이를 보호해주세요. 유진이가 앞으로도 하나님을 알아가고, 하나님의 말씀에 순종하는 딸이 될 수 있도록 인도해주세요"라며 큰 목소리로 기도했다. 나에 관한 이야기가 다른 사람들의 기도 소리와 섞여 교회 공간을 메우는 느낌이 어색했다. 하지만 내 기도를 한 후 다시 조용히 눈 감고 계신 이모를 바라보며 나도 따라 눈을 감았다. 그렇게 기도의 첫걸음을 뗐다.

"하나님, 안녕하세요. 이렇게 기도하는 거 맞나요? 저는 하나님을 모르는데 하나님은 저를 알고 있대요. 그럼 제 소개는 하지 않아도 되겠네요. 하나님, 전 뉴질랜드가 너무 싫어요. 다시 한국으로 빨리 돌아갈 수 있게 해주세요." 이것이 내 첫 기도 제목이었다. 하나님의 존재를 알게 되면서부터 나는 내가 얼마나 외로운

지, 왜 이런 힘든 시간을 보내야 하는지 의문을 품기 시작했다. 그리고 그 의문은 나를 평생 따라다녔다.

첫 예배는 별 느낌도 감동도 없었다. 하지만 거부감이 들지는 않았다. 사람들이 많았기 때문인 듯하다. 나는 낯을 가리는 성격임에도 불구하고 외로움에 워낙 취약했기에 사람들이 많은 곳을 일부러 찾아다녔다. 누가 내게 말을 걸어주는 것, 새로운 사람을 만나 집으로 초대해서 같이 노는 것 역시 마찬가지였다. 외로움이 덜하지 않을까 하는 기대감 때문이었던 것 같다.

이후 주일 예배뿐 아니라 새벽 기도회, 수요 예배, 철야 기도회, 금요 예배 등 이모를 계속 따라다녔다. 이모는 비가 오거나 추운 날에는 집에서 기도하고, 그렇지 않은 날에는 교회에서 예배를 드렸다. 새벽에는 내가 깨지 않게 조용히 움직이셨는데, 작은 소리에도 예민했던 나는 잠에서 깨 이모를 붙잡았다.

"저도 갈래요."

"유진이 안 피곤하겠어?"

걱정하면서도 이런 내 모습을 항상 기특하게 여기고 좋아해주시는 표정에 나는 피곤해도 새벽에 일어나 이모와 함께 일단 교회로 향했다. 하지만 눈꺼풀은 여전히 무겁고, 새벽 공기는 여름에도 쌀쌀했다. 교회 가는 길 자동차 안에서도 자고, 새벽 예배가 시작돼도 잤다. 예배 내내 이모 무릎을 베고 잠든 게 한두 번이 아니다.

교회까지 와서 왜 잠만 자냐고 할 법도 한데, 이모는 문제 삼지 않으셨다. 사실 이모가 새벽 예배를 강요한 적도 없었다. 피곤한 몸을 이끌고 교회에 따라오는 것만으로도 기뻐하며 칭찬하셨다. "오늘도 졸았지만 하루를 시작하기 전에 하나님께 인사드렸으니 잘한 거야. 얼른 집에 가자. 이모가 맛있는 아침 챙겨줄게."

어느 순간부터 이모를 따라 새벽에 기도하는 일이 더는 무섭지도 신기하지도 않게 되었다. 자연스럽게 몸에 배면서 거부감도 점차 사라졌다. 그사이 내 믿음이 강해져서 그런 것은 아니었다. 모두가 자고 있는 집에 홀로 깨어 있는 것이 무서워 이모를 따라 교회에 갔을 뿐이다. 하나님이라는 분을 어렴풋이 알게 되었지만, 믿음이 강하진 않았다. 나를 너무 사랑하셔서 나를 위해 십자가 에 못 박혀 죽으셨다고 하는데, 글쎄…. 와 닿지 않았다.

내 새벽 기도의 이유는 단순했다. 혼자가 되기 싫었다. 외로움 이 싫었다. 모두가 자고 있는 집에서 홀로 이모를 기다리는 게 싫 었다. 무서웠다. 그래서 어쩔 수 없이 따라나선 거였다. 하나님을 믿기 힘들었던 이유도 단순했다. 정말 그분이 계시다면 내가 지 금 이렇게 부모님과 떨어져 외롭게 지낼 필요가 있을까 싶었다. 나를 정말 사랑하셨다면 이토록 슬픈 마음을 갖게 내버려 두지 않으셨을 것 같았다.

겨울이 오고 날씨가 추워지자, 나와 이모는 새벽 기도를 가기 전 차 안에서 몸을 움츠린 채 엔진이 따뜻해져 히터가 나오길 기다렸다.

"그냥 집에서 기도드리면 안 되는 건가요? 왜 꼭 교회에 가야 해요?"

"집에서 기도해도 괜찮아. 그런데 이모는 가서 말씀 듣는 게 정말 좋아. 내 기도를 통해 하나님께서 대답하실 때도 있고, 목사님 말씀을 통해서 대답하실 때도 있거든."

"나는 잠만 오던데. 하나도 재미없어."

매번 비슷한 투정을 부리면서도 그렇게 조금씩 새벽 기도는 내 일상이 되었다. 이때는 알지 못했다. 하나님이 날 보호하고 계셨음을. 날 계속 부르고 계셨음을. 나도 모르게 내 발걸음이 하나님을 향하고 있었다는 것을.

가장 그리워하던 건, 내가 아침에 늦잠을 자거나 게으름을 피워도 항상 차려져 있던 엄마의 아침상이었다. 그러나 당시 실제로 내 아침을 깨우는 건 새벽 예배와 성경 묵상이었다. 도대체 왜 해야 하는지 알 수 없었다. 나는 잠시 이곳에 머무는 손님일 뿐인데, 왜 가만히 두지 않는 걸까?

하나님이 그 성 중에 계시매 성이 흔들리지 아니할 것이라 새벽에 하나님이 도우시리로다 [시편 46:5]
God is within her, she will not fall; God will help her at break of day. [Psalm 46:5]

주의 말씀을 조용히 읊조리려고 내가 새벽녘에 눈을 떴나이다 [시편 119:148]
My eyes stay open through the watches of the night, that I may meditate on your promises. [Psalm 119:148]

'지금 몇 시지?'

비몽사몽 힘들게 눈을 뜰 무렵, 누군가가 나를 부른다.

"김유진, 일어나!"

여긴 어디지? 아, 새 홈스테이 집이었지. 간혹 깊은 잠에서 깨어 날 때 내가 어디에 있는지 파악이 안 될 때가 있다. "김유진, 일어 났어? 나 들어간다!" 방문을 열고 들어온 것은 중학교 친구 지현 이었다. "얼른 준비해, 아침 먹자!"

시계를 보니 6시가 조금 넘은 시간이었다. 왜 이렇게 일찍 일어 나서 준비하는 거지? 어리둥절해하며 교복으로 갈아입고 학교 갈 준비를 했다. 지현이는 친오빠와 누가 먼저 화장실을 쓸지 다

투고 있었고, 나는 그런 남매의 모습이 부러워 멍하니 쳐다보았다. 우리 셋은 모두 함께 학교 갈 준비를 했다.

지현이가 고데기로 앞머리를 펼 때 지현이네 오빠는 세수를 했고, 나는 한쪽에서 양치질을 했다. 어색하고 불편했다. 지현이와 같은 중학교 같은 반이었지만 처음에는 그리 친하지 않았다.

지현이는 나보다 영어를 훨씬 잘했고 피아노와 바이올린도 능숙했으며 그림도 잘 그렸다. 아는 노래도 많았고 패션 센스까지 좋아 친구들이 많았다. 그래서 더더욱 그 애가 어려웠다. 그런데 내가 지현이네 집에서 홈스테이를 하고 있다니. 어떻게 이곳에서 홈스테이를 하게 되었는지는 잘 모르겠다. 하지만 뜬금없었던 느낌은 남아 있다. 지현이네서 홈스테이를 할 것이라고 상상도 해 본 적이 없었다. 이 책을 쓰면서 엄마에게 물어보았는데, 엄마도 생각이 나지 않는다고 하셨다.

"너랑 친한 친구 아니었니?"

"글쎄, 난 지현이랑 그렇게 친했던 것 같지 않은데. 어떻게 지현이네서 홈스테이를 하게 됐지?"

"흠…. 아마 한국 친구고, 너랑 같은 학교를 다니니 부탁한 것 같기도 하고."

이유는 딱히 없었다. 지금은 그게 다 하나님의 계획이었음을 안다. 하지만 당시에는 그 이유조차 모른 채 '여러 홈스테이 중에

한 곳이겠지'라고 생각하며 크게 신경 쓰지는 않았다.

지현이 엄마는 워낙 음식 솜씨가 좋아서 아침마다 맛있는 음식 냄새가 온 집 안을 진동했다.

"안녕히 주무셨어요."

"응, 그래. 잘 잤니? 자는 데는 불편하지 않았고?"

"네, 괜찮았어요."

식사를 하려고 모두 부엌 식탁에 앉았다. 하지만 식탁에는 음식이 아닌 성경책과 공책이 놓여 있었다.

"성경 공부하고 아침 먹자."

"네? 성경 공부요?"

"거봐, 얘는 싫어할 거라고 했잖아. 엄마, 나도 배고픈데….."

지현이도 아침 성경 공부가 귀찮았나 보다.

"아, 아니에요. 괜찮아요."

그때까지 난 성경 공부를 해본 적이 없었다. '전에 함께 살던 이모님 집에서 새벽 기도를 그렇게 다녔는데, 아침 성경 공부쯤이야.' 이모는 기도를 많이 해주시긴 했는데 성경은 가르쳐주시지 않았다. 공부도 잘 안 하는 내게 차마 성경까지 읽으라고 하진 못하셨나 보다.

"자, 주기도문으로 시작하자! 하늘에 계신 우리 아버지여, 이름이 거룩히 여김을 받으시오며, 나라가 임하시오며, 뜻이 하늘에서 이루어진 것같이 땅에서도 이루어지이다…."

나는 주기도문을 외우지 못했다. 여러 번 들어보긴 했지만 잘 외워지지 않았다. 아무 소리 안 하고 가만히 앉아 있으니 지현이가 성경책 맨 앞부분을 펼쳐 앞에 놓아주었다.

"…오늘 우리에게 일용할 양식을 주시옵고, 우리가 우리에게 죄지은 자를 사하여준 것같이 우리 죄를 사하여주시옵고, 우리를 시험에 들게 하지 마시옵고, 다만 악에서 구하시옵소서. 나라와 권세와 영광이 아버지께 영원히 있사옵나이다. 아멘." 자신감 없는 목소리로 조용히 따라 읽었다.

"오늘 성경 공부는 시편이야." 지현이 엄마가 성경책 한 권을 건넸다. 나는 성경 말씀을 찾을 줄 몰랐다. 성경책을 펼치는 건 항상 이모 몫이었다. 단 한 번도 스스로 펼치거나 말씀을 찾아본 적이 없었기 때문에 어떻게 찾는지도 몰랐다.

"시편이요?" 나는 일반 책처럼 성경책 맨 앞 차례에서 페이지 번호를 확인한 후 시편을 찾으려 했다. 그런데 해당 페이지를 봐도 시편은 나오지 않았다. 구약과 신약을 구분하지 못해 신약 페이지로 가서 헤매고 있었던 것이다. 허겁지겁 찾는 사이 지현이 엄마는 말씀을 읽고 계셨다.

'몇 장…, 몇 절이라고 하셨더라?'

이럴 때마다 지현이는 서둘러 성경 구절을 찾아 손으로 짚어주었다.

긴장한 탓인지 성경 말씀이 도무지 귀에 들어오지 않았다. 아직 이곳에 제대로 적응하지도 못했는데 벌써부터 요구하는 게 많아지는 듯해 부담스러웠다. 빨리 엄마에게 전화해서 다른 홈스테이를 알아봐달라고 해야 할 것 같았다.

✦

성경 공부는 나와 맞지 않았다. 역사 공부를 하는 기분이었다. 나는 책 읽는 걸 싫어해 만화책조차 읽지 않는다. 하지만 티를 낼 수는 없었다. 이런 내 모습에 혹여나 홈스테이 부모님이 실망하실까 조마조마했다. '아침 댓바람부터 왜 성경 공부를 하는 거지? 안 그래도 피곤한데 굳이 왜?'라는 생각을 수없이 했다. 마음에 와 닿지 않는 말씀으로 하루를 시작한다는 것도 탐탁지 않았다.

하지만 시간이 지나 돌아보니, 이런 온갖 불평 속에서도 내겐 꾸준히 성경 말씀을 직접 찾고 묵상할 기회가 주어져왔다. 스스로 성경 말씀을 찾을 일이 없으니 이렇게라도 하나님 말씀을 접하라는 성령님의 인도하심이었던 걸까? 당시 읽었던 말씀들은 내 기도 제목이 되었고, 생각지도 못한 방법으로 내가 걷는 길의 등불이 되어주었다. 오랜 시간이 지났음에도 그때 묵상했던 말씀

중 가장 기억나는 구절이 있다. 바로 시편 25편이다. 다윗의 기도가 기억에 남는 이유는 당시 내 마음을 대변해주기 때문이다.

"주여 나는 외롭고 괴로우니 내게 돌이키사 나에게 은혜를 베푸소서 내 마음의 근심이 많사오니 나를 고난에서 끌어내소서 나의 곤고와 환난을 보시고 내 모든 죄를 사하소서 내 원수를 보소서 그들의 수가 많고 나를 심히 미워하나이다 내 영혼을 지켜 나를 구원하소서 내가 주께 피하오니 수치를 당하지 않게 하소서 내가 주를 바라오니 성실과 정직으로 나를 보호하소서"[시편 25:16-21]

성경 공부를 하던 어느 아침, 유독 이 말씀이 마음에 꽂혔다. 나는 다윗의 기도를 따라 비슷하게 기도드렸다.

"하나님, 저는 외롭고 행복하지 않으니 저를 불쌍히 여겨주세요. 마음에 불안과 두려움이 가득하오니 오늘 이 어두움 속에서 저를 지켜주세요. 이렇게 매일 아침 말씀을 묵상하고 찬양을 드려도 하나님을 잘 알지 못합니다. 노력하고 있음에도 하나님의 뜻을 알지 못합니다. 이런 저를 용서해주세요. 오늘도 아침 일찍 하나님 말씀으로 하루를 시작했습니다. 정말 하나님이 계시다면, 저를 보호해주세요."

이 기도에는 '하나님이 계시다면'이라는 표현이 들어가 있다. 내 기도는 매번 이랬다. 하나님을 온전히 믿고 순종하기까지 너무 먼 길을 걸었던 것이다. 그럼에도 하나님은 나와 동행하셨다. 당시에는 미처 알지 못했지만, 지현이네서 억지로라도 했던 성경 공부는 삶 전체를 비추는 등불이 되었다. 딱히 어디에 적거나 기록한 것도 아닌데, 어두운 길을 걸을 때마다 작은 빛이 되어주었다. 그리고 그때 공부했던 말씀들은 지금껏 내 일상을 따라다니고 있다.

나의 믿음을 막는 건 무엇이었을까? 아무 조건 없이 하나님께서 나를 사랑하신다는 말이 와 닿지 않았던 걸까? 예수님께서 나를 위해 십자가 위에서 돌아가셨다는 것이 너무 큰일이라 믿기 두려웠던 걸까? 아니면 성경 말씀에 하나님의 뜻이 분명하게 기록되어 있음에도 이를 무시한 채 크리스천으로서 어떻게 살아가야 하는지 명확하게 알지 못한다는 이유였을까?

명확하고 완벽하지 않으면 부족하다 생각했기에 나와 하나님의 관계도 그럴 것이라 착각했다. 그러나 그렇지 않았다. 하나님과 동행하는 삶을 살기 전까지는 믿음이 완벽할 수 없었다. 많은 청년들에게 위안이 될지 모르겠지만, 완벽한 믿음으로 크리스천이 되는 것이 아니었다. 주님과 동행해야 믿음이 강해지는 것이었다. 믿음이 부족하다고 해서 하나님과 거리를 두는 것은 합당한 이유가 될 수 없었다.

이르시되 너희 믿음이 작은 까닭이니라 진실로 너희에게 이르노니 만일 너희에게 믿음이 겨자씨 한 알만큼만 있어도 이 산을 명하여 여기서 저기로 옮겨지라 하면 옮겨질 것이요 또 너희가 못할 것이 없으리라 [마태복음 17:20]

He replied, "Because you have so little faith. Truly I tell you, if you have faith as small as a mustard seed, you can say to this mountain, 'Move from here to there,' and it will move. Nothing will be impossible for you." [Matthew 17:20]

육체적
훈련,
정신적
훈련

"유진아, 일어나렴!"

나는 이미 깨어 있었다. 새벽 5시쯤이었을 것이다.

일어나고 싶지 않았다. 자는 척했지만 노크 소리는 계속 들려
왔다. "깼니? 얼른 일어나야지. 빨리 준비하렴." 수영 코치이자 홈
스테이 주인인 그녀의 이름은 제키. 제키 코치님은 나에 대한 기
대가 유독 컸다. 그녀에게도 두 명의 딸이 있었는데, 나와 같은 수
영팀이었다. 첫째 딸은 고등학생, 둘째 딸인 케이트는 내 또래였
다. 코치님의 딸들은 수영팀에서도 최고 기록을 보유한 에이스였
다. 나는 팀원 아무에게도 인정받지 못한, 키 작고 약한 동양인이
었다. 이런 내가 두 명의 에이스 선수와 함께 훈련을 하게 되었다.

새 홈스테이는 지금까지와 다르게 온전히 '나를 강하게 훈련시키는' 데만 집중되어 있었다. 이곳에 어떻게 가게 된 건지는 기억이 희미하다. 다만 수영선수 생활을 하면서 홈스테이 부모님의 역할이 매우 중요했는데, 아무래도 코치님과 가장 많은 시간을 보내다 보니 자연스럽게 홈스테이를 하게 된 듯하다.

훈련은 끊임없이 이어졌다. 새벽부터 수영장에 가서 훈련하다 등교하고, 학교가 끝나면 다시 수영장으로 향했다. 주말에는 근처 바닷가에서, 혹 날씨가 안 좋은 날에는 실내에 설치된 운동기구를 활용해 훈련했다.

수영장에서 카리스마 넘치던 코치님의 모습만 보다가 갑자기 홈스테이 엄마가 되었다는 사실이 어색했다. 하지만 새 홈스테이 생활은 나를 육체적으로, 그리고 정신적으로 강해지게 만들었다.

"여기가 네 방이야. 곧 저녁 먹게 짐 풀고 나오렴."

대충 짐을 풀고 저녁 식사를 하러 부엌으로 향했다. 따뜻하게 데워진 접시를 집어 마치 뷔페처럼 음식을 담았다. 그리고 각자 거실로 가서 소파에 앉아 식사를 했다. 운동선수 집이라 그런지 먹는 것도 달랐다. 이를테면 콩으로 만들어진 수프와 닭가슴살처럼 말이다.

시원찮았다. 나는 밥과 고기, 찌개류를 좋아했다. 지금껏 지내온 다른 홈스테이에서는 대부분 한식이 제공되었고 양도 넉넉했다. 하지만 이곳은 달랐다. 건강한 식단은 입맛에 맞지 않는 데다 양도 적었다. 그렇다고 차마 더 달라고 할 수도 없었다. 그래도 어 쩌겠는가. 나는 음식 투정을 해본 적이 없었다. 아니, 할 수 없었 다. 아무리 홈스테이 비용을 지급하고 있다 해도, 주어진 음식에 항의하는 건 상상할 수조차 없는 일이었다.

음식을 먹기 전 평소와 같이 눈을 감고 두 손 모아 하나님께 감 사 기도를 드렸다. 여태 있던 홈스테이 집에서는 당연한 일이었 고, 식사 전 기도하는 습관이 있던 내게는 자연스러운 행위였다. 이런 내 행동을 보고 케이트가 물었다.

"너 지금 기도한 거야?"

"응. 왜?"

"우리 집은 기도 안 해도 돼."

어쩐지 비웃는 듯한 말투였다. 나는 당황함과 동시에 창피함을 느꼈다.

"응. 알았어."

케이트는 금발에 밝은 파란색 눈을 가졌고 수영으로 다져진 건 강한 몸의 소유자였다. 어딜 가나 인기가 끊이지 않았다. 모든 걸 갖춘 듯한 친구였다. 예쁜 외모, 활발한 성격에 운동도 잘했고 공 부까지 열심히 했다. 그러다 보니 케이트의 말 한마디에 매번 주 눅이 들었다.

이곳에서는 '종교'란 게 없었다. 그날 케이트의 표정을 본 뒤로 나는 식사할 때 기도를 하지 않았다. 그게 예의라고 생각했다. 상대방이 나를 이해해주는 걸 바라기보다는, 상대방에게 불편함을 주지 않기 위해 내가 먼저 맞추곤 했다. 주변 사람들이 하지 않는 행동은 나도 안 했다.

다양한 홈스테이를 겪으면서 가장 먼저 깨달은 사실은, 홈스테이 가족의 행동을 잘 살펴 최대한 그들에게 맞춰야 한다는 것이었다. 외부인인 내가 그들에게 먼저 맞추는 것이 당연하다 여겼고, 오해할 만한 행동이나 불편해할 행동은 눈치껏 피했다. 동양인이라는 이유만으로도 이미 많은 차별을 겪었다. 살고 있는 집에서까지 구별되기는 싫었다. 최대한 그들과 다르지 않게 행동하는 것이 내가 사랑받고, 상대를 배려하는 방법이었다.

그들의 루틴은 물론 평소 말투, 목소리 톤, 먹는 습관 등을 모두 따라 하며 최대한 튀지 않도록, 최대한 그 가족에게 잘 스며들 수 있도록 노력했다. 사람에 대한 관찰력이 뛰어나다는 소리를 종종 듣는데, 아마 이때 얻은 능력(?)인 것 같다. 잘 따라 하려면 함께 지내는 사람의 특징과 행동을 유심히 살펴야 했기 때문이다.

여기서는 새벽 훈련이 당연한 일이었다. 예외란 없었다. 팀의 최고 에이스가 함께 살았기 때문에, 그 집의 정해진 룰을 따를 수밖에 없었다. '게으름'은 허용되지 않았다. 훈련을 위해 무조건 일어났다. 무리한 훈련에 몸살이 날 때쯤이면 따뜻한 차를 타주곤 했다. 한국처럼 근처에 쉽게 찾을 수 있는 약국이나 저렴한 가격으로 이용할 만한 병원이 있는 것도 아니었기에 아파도 따뜻한 차 한 잔으로 몸을 회복해야 했다.

새벽마다 방문을 노크하는 소리가 들렸다. "네, 일어났어요. 곧 나갈게요!"라고 외쳤지만 언제나 좀 더 자고 싶었다. 따뜻한 침대에 누워 있고 싶었다. 오랜 시간 이모(전도사님) 집에서 새벽 기도로 일찍 기상해왔지만, 이곳에서는 '반드시' 기상해야 한다는 의무감 때문인지 그 새벽에 일어나기가 더더욱 싫었다. 조금이라도 느릿하게 움직인다 싶으면 코치님은 어김없이 문을 두드렸다.

"빨리 나오렴!"

"저 잠시 기도 중이에요!"

"알았다, 기도하고 빨리 나오렴."

기도를 방패로 사용하기도 했다. 문득 이 시간에 새벽 기도를 드리고 있을 이모가 떠올랐다.

'지금도 기도 중이시겠지.'

이모 덕분에 생긴 습관, 새벽 기도. 그래서인지 조금이라도 더 눈을 감고 싶을 때는 서슴없이 기도 핑계를 댔다. 거짓말은 아니었다. 따뜻한 침대에 조금이라도 더 누워 있기 위해 실제로 기도를 했다.

"하나님 아버지 감사합니다." 전도사님과 새벽 기도를 드릴 때는 늘 감사 인사로 시작했기에 나도 이렇게 기도를 시작하는 습관이 생겼다. 하지만 여전히 하나님을 진심으로 믿거나 진정성 담긴 기도를 할 줄은 몰랐다. 항상 내 곁에 계신다고 하니까 혹시나 하는 마음에 기도했고, 무엇보다 마음을 솔직히 털어놓을 사람이 없었기에 하나님께 기도할 수밖에 없었다. 여기는 숨김없이 마음을 열 수 있는 사람이 없었다. 분명 외롭지 않게 해달라고 기도했는데 그때마다 더 깊은 외로움에 빠지는 것만 같았다. 무엇이 감사하고, 어떻게 감사한지는 생각해본 적이 없었다.

그게 끝이었다. 의무적인 기도가 끝나면 잠시 침대에 누워 '왜 일어나야 하는지'를 곰곰이 생각했다. '아, 정말 일어나기 싫다. 그냥 푹 자고 싶다. 윽, 이불 밖은 너무 추워….' 하지만 어쩔 수 없었다. 이곳에서 사랑받으려면 무조건 새벽 훈련에 참여해야 했다.

사실 이번 홈스테이에서 가장 견디기 힘든 건 맞지 않는 음식과 강도 높은 훈련이 아니었다. 홈스테이 부모님과 자녀들이 함께 있을 때 더욱 심해지는 외로움. 그 외로움이 제일 힘들었다. 너무 부러워 일부러 자리를 피할 정도였다. 외부인인 내가 가족 간의 시간을 빼앗는 것 같았다. 그들이 아무리 잘해줘도 '난 초대받은 손님에 불과하다'는 느낌이 들었다. 그럴 때마다 방 안에 들어가 혼자 음악을 들으며 울었다. 생각해보면 딱히 어떤 큰일이나 문제가 있던 것도 아니었다. 다만 일상을 보내는 내내, 끊임없이 느껴지는 외로움 때문에 점점 더 하나님을 찾게 되었다.

"하나님, 진정 하나님이 계시다면 저 좀 행복하게 해주세요. 이 외로움을 없애주시면 제가 하나님 믿을게요" 식의 짧은 조건부 기도를 드리기도 했다. 믿음이 부족했던 걸까? 하나님의 응답은 들을 수 없었다. 이렇듯 내 기도는 항상 '하나님이 정말 계시다면' 이 포함되었다. 하나님이 진짜 살아 계신다면 기도에 응답해주심으로써, 그 존재를 증명해달라는 의미이기도 했다.

✦

새벽 향기는 늘 똑같았다. 쌀쌀한 겨울비가 온 뒤 느껴지는 안개 냄새. 새벽에만 맡을 수 있는 고유한 냄새다. 새벽 일찍 차에 타면 느껴지는 특유의 차디찬 공기도 있다. 히터가 나올 때까지 한참을 기다리며 온 힘 다해 추위를 견뎌보고자 애쓰던 그때가 선명히 기억난다.

예전에는 이모를 따라 교회에 갔는데, 지금은 수영장으로 향한다. 예전에는 새벽 기상을 아무도 강요한 적이 없었는데, 이제는 무조건 일어나야만 한다. 여기서는 내 마음대로 할 수 있는 게 없었다. 먹는 것부터 취침 시간, 기상 시간, 평일, 주말 스케줄이 모두 정해져 있었다.

오직 수영으로 외로움을 떨쳐내야 했다. 하나님의 응답은 들을 수 없었다. 수영은 외로움을 위로하는 유일한 방법이었다. 나는 이 외로움이 언제쯤 멈출까 기대하며 빨리 어른이 되길 희망했다. '그때가 되면 모두 날 사랑해주겠지? 어른이 되면 하고 싶은 걸 다 하면서 지낼 수 있겠지? 늦은 밤에도 친구들을 만나고, 외로움을 느낄 틈도 없이 내 주변을 사람들로 가득 채워야지'라고 다짐했다.

수영은 혼자 하는 운동이라 다른 운동처럼 팀워크도 필요 없었고, 온전히 나 자신에게 집중할 수 있었다. 내가 수영을 싫어하면서도 좋아하는 이유다. 물론 릴레이 팀을 선정할 때 마지막까지 선택받지 못하는 건 언제나 나였지만, 그래도 개인전에서는 그 어떤 팀워크나 다른 사람의 도움이 필요 없었다. 내가 가는 길로만, 오로지 앞으로만 질주하면 됐다. 팔을 얼마나 빨리 돌리고, 얼마나 많은 양의 물을 끌 수 있는지에 따라 속도가 달라진다. 방향 조절을 하지 않으면 옆으로 나가고, 중심을 잘 잡으면 앞으로 질주한다. 무조건 앞으로만 가는 것. 인생도 그런 것이 아닐까 생각하며 수영 훈련에 임했다.

내 삶 최대의 육체적, 정신적 훈련이 이어졌다. 평소 왜소한 체구 때문에 나보다 키도 크고 덩치도 큰 팀원들에게 무시를 많이 당했다. 그래서 코치님은 더더욱 강하게 훈련하셨고, 나는 무서운 속도로 수영 실력을 쌓아나갔다. 그 어느 때보다 노력했다. 몸은 힘들었지만 마음은 점점 안정을 찾았다.

어느새 먹는 것도 익숙해졌고 건강도 되찾았다. 매주 강해지고 빨라졌으며 점차 수영선수로서 인정도 받았다. 단 몇 개월 만에 키 크고 힘센 친구들보다 더 빠른 기록을 세우며 수영선수로서의 꿈을 키워나갔다. 이제 시작이었다. 적응도 했고 인정도 받았기에 앞으로는 잘할 수 있을 것 같았다.

하지만 나만의 생각이었을까? 난 이렇게 준비가 되었다고 생각했는데, 하나님의 생각은 달랐다.

✦

비가 오는 날이었다. 이번 해 가장 중요한 선수권 대회를 며칠 앞둔 날, 수영 훈련을 가는 길에 횡단보도에서 미끄러져 넘어지는 사고를 당했다. '툭' 하는 소리가 들리면서 다리 쪽 어딘가가 부러졌음을 느꼈다. 비로 흠뻑 젖은 도로 중간에 털썩 주저앉았는데, 통증이 너무 심해 일어날 수도 없었다. 그 와중에도 수영 선수권 대회부터 떠올랐다. 이제야 선수로서 인정받고 있던 터라 그 자리를 결코 놓치고 싶지 않았다. 하지만 의지와 무관하게 하나님은 그 순간 내 삶의 방향을 바꾸셨다. 훈련은 여기까지였다.

'어떻게 된 거지? 다치면 안 되는데.'

패닉이 왔다. 신호등은 얼마 지나지 않아 빨간불로 바뀌었다. 도로 한복판에 앉아 어떻게 해야 할지 몰라 당황하고 있을 때 누군가 내 가방을 당겼다. 올리비아라는 아이였다. 같은 학교 같은 반이었지만 너무 다른 성격 탓에 한 번도 서로 말을 건 적이 없었던 친구였다.

"나한테 기대면서 일어나봐."

올리비아는 내 가방을 어깨에 둘러메고는 나를 일으켜주었다. 하지만 걸을 수가 없었다. 올리비아의 부축으로는 역부족이었다. 어떤 아저씨 한 분이 차에서 내려 나를 안아 들더니, 나와 올리비아를 태우고 병원으로 이동했다.

"미안해, 올리비아. 나 도와줬다고 아무에게도 말 안 할게. 혼자 있을 수 있어. 집에 가도 돼."

고맙다고 해야 했는데 미안하다고 해버렸다. 올리비아는 워낙 학교에서 인기가 많은 친구였다. 행여 나를 도와줬다는 걸 누가 알게 된다면 그 애에게 피해가 갈 것 같다는 생각이 먼저 들었다.

"괜찮아. 상관없어."

올리비아는 개의치 않는다는 듯 고개를 저었다.

의사가 엑스레이 결과를 보여주며 발목에 금이 갔다고 했다.

"저 언제 다시 수영할 수 있을까요?"

"몇 달은 수영 못할 것 같은데…?"

의사의 대답에 올리비아와 나는 눈을 동그랗게 뜨고 서로 마주 보았다. "얼마 후에 수영 선수권 시합이 있어요. 저 어떻게 해요?"라고 울먹이며 걱정하는 나를 올리비아가 꼭 안아주었다. 간호사는 내 다리를 소독한 뒤 석고붕대로 감았다. 코치님은 훈련 중이었던 터라 저녁 늦은 시간이 되어서야 나를 데리러 왔다.

"유진아, 괜찮니?" 놀라서 달려온 코치님의 얼굴이 생생하다.

"코치님, 저 수영 선수권 어떡해요?"가 가장 먼저 한 말이었다.

"어쩔 수 없어. 올해는 쉬고 내년에 다시 도전하면 돼."

나는 받아들일 수 없었다. 올해 내내 1위를 놓친 적이 거의 없었다. 이제서야 인정받고 있는데 이런 일이 생기다니 정말 하늘이 무너지는 것 같았다. 특히 이번 선수권 대회는 최종 목표이자 당시 나의 꿈이었다. 그런데 이렇게 무산되다니.

그날 저녁, 한국에 있는 엄마와 통화하며 상황을 설명했다.

"유진아, 선수권은 포기하고 이번 학기 끝나면 한국으로 오렴. 엄마 아빠랑 같이 있자."

어제까지만 해도 수영대회를 목표로 훈련에 임했는데 그냥 그렇게 갑자기 방향이 틀어졌다. 마치 애초부터 목표를 잘못 설정했다는 듯 하나님은 아무렇지 않게 방향을 바꾸셨다. 수영 선수권에서도 우승하고 싶었는데, 모든 게 무산되었다. 지금 돌아보면 이 역시 하나님의 인도하심이었지만 나는 그렇게 생각할 수 없었다. 선수권을 포기해야 하는 상황에서 가장 먼저 떠올린 것은 하나님이었다. 마음속은 원망과 분노로 가득 찼다. 이모가 이야기해주었던 '하나님'이라는 분의 존재 자체가 다 거짓 같았다. 성경을 통해 알아온 하나님에 대한 이야기들 역시 마찬가지였다.

그러나 하나님의 계획은 따로 있었다. 이제 와서 돌이켜보니 그때도 하나님의 발자국은 어김없이 찍혀 있었다.

이 시기의 고된 훈련은 건강과 체력을 크게 향상시킴과 더불어 도전정신도 일깨워주었다. 수영 코치님 집에서의 생활은 정말 외롭고 힘들었지만, 그와 별개로 삶의 가장 큰 무기를 만들어주었다. 그때는 이런 힘든 시간에 대한 이유를 알지 못했다. 그저 나는 어딜 가나 미움받는 아이니까 힘든 시간도 당연하다 여겼다.

하지만 이 역시 하나님의 계획이었다. 하나님은 나를 외롭게 만든 것이 아니라, 외로워하고 있는 나를 훈련시키신 것이었다.

하루아침에 다른 곳으로 가야 했던 것은 하나님이 보시기에 이번 훈련은 이걸로 충분하다 여기셨기 때문이다. 그리고 긴 훈련이 끝을 맺자, 이제 다시 다른 곳으로 나를 부르셨다.

계속
기다리신
그분

　한국으로 돌아온 나는 아주 오랜만에 가족과 편안하고 안정적인 시간을 보냈다. 외국 생활 내내 얼마나 원하고 또 원하던 시간이었는가. 가족과 함께하며 발목 치료에 전념했다. 더는 불안해할 이유도, 새벽마다 훈련을 가야 한다는 의무도 없었다. 정말 편하게 쉴 수 있는 꿈같은 시간이 주어졌다.

　그러나 그것도 잠시뿐이었다. 한국에서 정규 교육을 받지 않았던 탓에 외국으로 돌아가 현지에서 받던 교육을 이어가야 했다.

　뉴질랜드로 다시 떠나던 그날의 기억이 뚜렷하다. 그래도 이제 고등학생이라고 혼자 비행기에서 내려 입국장으로 향했다. 승무원의 안내가 있어야 했던 어린 시절과는 달랐다. 스스로 여권을 챙기고, 입국심사를 통과해 짐을 찾을 수 있게 된 것이다.

짐을 찾은 후 나가는 길은 무척이나 설렜다. 이번에는 학교에서 배정해준 홈스테이 부모님이었다. 카트를 끌고 나가는데, 키 큰 남성 한 분과 귀엽게 생긴 여성 한 분이 'Welcome YooJin'이라고 쓰인 포스터를 흔들고 있는 게 보였다. 난 웃으며 그들에게 다가갔다.

"Hi! I'm YooJin!"

홈스테이 부모님은 반갑게 맞아주셨다.

홈스테이 아빠는 짐이 실려 있던 카트를 넘겨받았고, 홈스테이 엄마는 나를 꼭 껴안았다.

"반가워요!"

브라이언과 마리아. 홈스테이 부모님의 이름이었다. 내가 능숙하게 영어로 말하자 살짝 놀라는 눈치였다. 홈스테이를 하는 친구들 대부분은 영어를 배우려는 목적으로 유학 온 것이기에 처음부터 영어에 능숙한 친구가 홈스테이 하는 일은 흔치 않았다.

오랜만에 느끼는 뉴질랜드 공기에 기분이 좋아졌다. 앞으로 나는 어디서부터 무얼 어떻게 해야 할까? 고등학생이 되었으니 새로운 학교에 입학하고 새 교복을 입고 또 다른 공부를 하겠지? 이번 학기에는 어떤 친구들을 만날까? 기대감에 마음이 벅차 올랐지만, 그와 별개로 어렸을 때 느꼈던 불안감과 동시에 '이번에는 잘하고 싶다'는 긴장감도 느껴졌다.

새 홈스테이 집은 말 그대로 자연에 파묻힌 집 같았다. 현관문 앞부터 커다란 나무들과 예쁘게 자란 꽃들, 그리고 다양한 생물들이 반겨주었다. 마리아가 가드닝Gardening을 좋아해서 키우는 식물이 많았다. 문 앞에 있던 커다란 셰퍼드가 나를 경계했다. 밥Bob이란 이름의 반려견이었다. 밥은 마치 마약탐지견처럼 내 짐과 몸의 냄새를 맡더니 안심한 듯 꼬리를 흔들었다. 난 신발을 벗으려고 잠시 현관문 앞에 멈췄다.

"아니, 벗지 말고 그냥 들어가렴."

마리아는 예상이라도 한 듯 내가 신발을 벗기 전에 알려주었다. 과거 머물던 집들과 달리 이곳은 완전한 뉴질랜드 스타일의 집이었다. 신발을 신은 채 양손에 캐리어를 들고 집 안으로 들어갔다. 혹여나 지저분해진 바퀴 때문에 집을 더럽히지 않을까 걱정했는데, 마리아는 캐리어 손잡이를 잡고는 자연스럽게 끌고 들어갔다. 현관문에 들어서자마자 왼쪽이 내 방이었다. 집에서 가장 작은 방이었지만 침대와 책상, 옷장 등 필요한 건 모두 준비되어 있었다. 과거 경험했던 홈스테이들과 다르게 매우 아늑했다. 거실에는 작은 텔레비전과 커다란 스피커가 자리 잡고 있었으며, 집 안 곳곳에 마리아가 키우는 식물이 가득했다.

짐을 내려놓은 후 신발을 벗으려고 침대에 털썩 앉는 순간이었다. "앗, 뭐지?" 물컹한 매트리스 위로 자빠져버렸다. 물침대였다. 혹시 침대가 터지지 않을까, 물이 새지는 않을까 여기저기 둘러보았다. 이런 침대에서 어떻게 잠을 잘 수 있지?

다른 방에는 중국에서 온 나보다 2살 많은 여학생이 머물렀다. 뒷마당에는 또 다른 집이 있었는데, 거기는 남학생 두 명이 산다고 했다. 자동차 창고를 주거용으로 개조해 학생들이 살 수 있도록 해놨다는 것이다.

여러 홈스테이를 옮겨 다니면서 다양한 사람들과 살았던 덕에 이번에도 잘 적응할 것이라고 자신했다. 옆 방 중국인 친구의 이름은 루시였다. 중국 이름이 어려워 영어 이름을 쓰는 듯했다. 하지만 첫날부터 그 친구는 나와 친해질 마음이 없었던 것 같다.

"루시 안녕, 반가워. 내 이름은 유…."

인사가 끝나기도 전에 자기 방에서 핸드폰 소리가 울리자 루시는 방으로 들어가버렸다. 옆에 있던 마리아와 브라이언은 어색한 미소를 지으며 나를 바라보았다. 뒷마당 집에서 사는 남자 학생들에게는 인사를 하지 못했다. 저녁 먹을 때만 이 집으로 온다고 했다. '저녁 먹으면서 인사해야지. 친해지면 같이 시내 구경하자고 해야겠다'며 혼자 기대감에 부풀었다.

'곧 다 같이 친해지겠지.' 긍정적으로 생각하면서 잠시 침대에 누워 휴식을 취했다. 침대 위에 둥둥 떠 있는 느낌이었다. 움직일 때마다 물로 가득한 침대 전체가 출렁여 중심을 잃었다. 분명 오른쪽을 바라보며 눕고 싶었는데 나도 모르는 사이 엎드리게 되었다. 그리고 그 상태로 잠이 들었다.

✦

맛있는 음식 냄새가 곤한 잠을 깨웠다. 부엌 쪽에서 여러 사람의 소리가 들렸다. 물침대를 처음 사용해본 탓인지 온몸이 뻐근했다. 한국에서 사온 파스를 붙이려다 혹시 파스 냄새가 날까 싶어 그만두었다.

어렵게 침대에서 나와 머리를 대충 정리한 후 살며시 문을 열었다. 모두 즐거워하는 분위기인데 나가도 되나? 그냥 부를 때까지 방에 있을까? 아니면 나가서 활기차게 인사를 할까? 자는 척을 할까? 무엇이 그리 무서웠는지 이런저런 생각이 들었다. 뭐, 지금 생각해보면 그들을 배려했던 것일 수도 있고, 소심하게 눈치를 본 것일 수도 있겠다.

다양한 곳에서 여러 사람들과 지내왔지만 절대 익숙해지지 않는 것이 하나 있다. 바로 '어색함'이다. 나는 어색한 게 너무 싫었다. 그러다 보니 사람들이 몰린 곳에 가서 끼는 걸 꺼렸고, 새로운 집단과 그 집단에 소속된 사람들을 두려워했다. 골목길 불량배라도 만난 것처럼 심장이 뛰고 어쩔 줄 몰라 했다. 문 틈새로 상황을 살피고 있는데 반려견 밥이 나를 향해 달려왔다. 마리아가 부엌으로 나오라고 손짓했다.

"유진! 일어났구나, 이리 와서 함께 저녁 먹자." 난 기다렸다는 듯 부엌으로 향했다. 전부 저녁 식사를 위해 모였는데 옆 방 루시는 자리에 없었다. 부엌에는 교회에서 흔히 볼 수 있는 원목으로 만들어진 긴 의자와 평범한 테이블이 놓여 있었다. 교회에서만 보던 긴 의자가 집 안에 있으니 새로웠다. 한 가지 단점은, 가운데 앉은 사람이 식사를 마치고 나갈 때마다 바깥쪽에 앉은 사람들이 모두 일어나 비켜줘야 한다는 것이었다.

"안녕 나는 첸이야." 크고 동그란 안경을 쓴 중국인 친구 첸이 반갑게 악수를 청했다. 그 옆에 앉아 있던 또 다른 남자는 영어를 못하는 듯 미소 지으며 손으로 인사를 건넸다. 짧게 인사한 후 자리에 앉아 식사를 하려는데, 뭐가 그리 급한지 두 남학생은 이미 식사를 마치고 "이제 가봐야 한다"며 맨 끝자리에 앉아 있던 내게 그들이 나갈 수 있도록 비켜달라는 신호를 보냈다. 보아하니 이곳에서는 각자 식사를 마치면 먼저 일어나도 괜찮은 모양이었다. 지금껏 내가 경험했던 식사 예절은 모두 함께 식사하고 마지막 사람이 식사를 마칠 때까지 기다려주는 것이었지만, 여기는 그런 예절이 아예 없었다. 기도 의무도 없었다. 그러나 마리아와 브라이언은 모두 함께 손잡고 식사 기도 드리는 걸 좋아했다. 그러다 보니 먼저 식사를 시작한 홈스테이 학생들은 음식을 입에 문 채 옆 사람 손을 잡고 각자의 방식으로 기도를 드리곤 했다. 나는 어느 장단에 맞춰야 할지 혼란스러웠다. 상대방이 불편하지 않도록 알아서 눈치채는 게 새로운 곳에 적응하는 방법이었는데, 여기서는 통하지가 않았다.

✦

일요일이 되었다. 평소 자고 있든 깨어 있든 내 생활에 전혀 관여하지 않던 마리아와 브라이언이 웬일로 방문을 두드렸다. 지금 교회 가는데 원하면 같이 가도 좋다고 했다. '교회…?' 거부감이 들었다. "부담 갖지 마. 그냥 집에 있어서 물어본 거야." 마리아와 브라이언은 혹시라도 내가 부담스러워할까 봐 조심스럽게 말을 걸었다.

"아니요, 괜찮아요"라고 대답하고 싶었지만 거절하는 게 더 어려웠다. 정말 중요한 일이 아니면 내 방에는 절대 방문하지 않는 마리아와 브라이언이었기에 더더욱 거절하기 힘들었다. "아…. 준비하고 나갈게요"라고 소심하게 대답했으나 썩 반갑지만은 않았다.

'교회라….'

어릴 적 그렇게 새벽 기도를 드리고, 하나님 응답을 기다렸던 내 모습이 떠올랐다. 하지만 단 한 번도 기도에 대한 응답을 받지 못했다고 생각한 나는 그 이후로 하나님의 이름을 부른 적이 없었다. 이모가 하나님 이야기를 많이 해주시긴 했지만 난 하나님을 알지 못했다. 믿기가 어려웠다. 내 죄 때문에, 나를 사랑하셔서 돌아가신 분이 계시다고 어떻게 믿을 수 있겠는가?

교회도, 찬양도, 성경도, 예수님도 참 오래간만이었다. 마리아와 브라이언 사이에 앉아 멍하니 예배를 드렸다.

"하나님, 오랜만이네요…."

모두가 '하나님은 위대하다'고 했다. 무엇이든 다 하시는 분이고, 나를 사랑하신다고 했다. 하지만 나는 그분을 한 번도 만난 적이 없었다. 적어도 난 그렇게 생각했다. 단 한 번도 기도를 들어주신 적이 없다고 믿었기 때문이다. 외로워하는 마음을 그대로 두셨기 때문이다. 진정 하나님이 계셨다면 나를 이리 외롭게 만들지 않으셨을 테니까. 하나님이 정말 계셨다면 지금껏 내가 걸어온 길을 그렇게 무방비한 상태로 혼자 걷게 하지 않으셨을 테니까. 진짜로 나를 위해 목숨을 바쳤을 정도로 사랑하셨다면, 정말 지금도 살아계신 거라면 내 삶을 이대로 내버려 두지 않으셨을 테니까.

"항상 남들 눈치를 보고 어색한 관계 속에서 발버둥 치는 제 모습이 불쌍하지도 않으신가요?"라고 기도했다. 혼란스러웠다. 나는 왜 계속 기도를 하고 있는 걸까? 왜 하나님께 도움을 구하고 있는 걸까? 믿음이 없다고 생각하면서도 왜 하나님의 움직임을 기대하는 걸까? 내가 의지할 곳은 하나님밖에 없었지만, 정작 나자신은 그렇지 않다고 생각했다. 그래야 응답받지 못한 그간의 기도들에 대한 원망을 멈출 수 있었기 때문이다.

하지만 하나님은 한순간도 날 떠나신 적이 없었다. 하나님은 계속 '나만의 방'에서 벗어나게 하셨다. 끊임없이 다른 곳에 보내서 다른 사람들을 만나게 해주셨고, 내가 한곳에 정착하려고 하면 또다시 다른 곳으로 보내셨다. 이유를 알 수가 없었다. 어쩌면 이유를 알아선 안 되는 것이었을지도 모르겠다. 하나님이 아무리 친절히 설명해주신다 해도 나는 내 의지대로, 내 마음대로 살았을 것이기 때문이다. 지금 생각해보면 그 어떤 응답을 받지 못했다고 하더라도 나는 꿋꿋이 주님의 인도하심을 따랐다. 아마 이때부터 스스로 인정하지는 않았지만, 주님이 단순히 소원을 이뤄주는 지니가 아님을 알았기에 묵묵히 기다리고 있으면서도 아무 응답 없는 주님께 상처를 받았던 것 같다. 예배를 마치고 집에 오는 동안 울음을 멈출 수 없었다. 나도 모르게 상처받은 나 자신이 많이 안쓰러웠나 보다. 방에 들어가 울음을 멈추려 했지만 마음이 너무 아팠다. 마리아와 브라이언이 나를 따뜻하게 안아주며 말했다.

"하나님께서 유진이를 정말 사랑하셔 God loves you so much. YooJin."

순간 이 한마디가 마음속 깊이 꽂혔다. 살아오며 한두 번 들은 말도 아닌데 유독 그날따라 그랬다. 그럼에도 불구하고 하나님의 사랑을 느낄 수 없었다. 아니, 사랑받는 방법을 몰랐다고 표현하는 게 정확할 것이다. 도대체 하나님이 나를 사랑하신다는 것의 의미는 무엇인가? 사랑이란 게 대체 뭘까?

얼마 뒤 내 생일이 되었다. 마리아와 브라이언은 내가 좋아하는 초콜릿 케이크와 함께 선물을 하나 건넸다. 성경책이었다. 처음 갖게 된 나만의 성경책이었다. 성경을 손에 쥔 건 정말 오랜만이었다. 지현이네에 있을 때는 매일 묵상하고 읽었는데, 꽤 오랜 시간 성경을 멀리했다.

내가 성경을 읽을 수 있을까? 걱정과는 달리 청소년을 위한 성경책이라, 해설도 잘돼 있고 내 상황에 맞는 말씀도 찾아볼 수 있었다. 그간 하나님의 부르심에 철벽을 치던 나는, 슬픈 일이 있거나 기분이 우울할 때마다 성경 말씀으로 묵상을 하곤 했다. 유일하게 의지하는 물건이었다. 이렇게 첫 성경책은 평생의 보물이 되었다.

얼마 후 세례를 받았다. 내가 세례를 받아도 되는 건가? 의심부터 들었다. 브라이언과 마리아는 항상 이렇게 말했다.

"네가 준비되지 않았다고 생각하면 언제든지 미뤄도 괜찮단다. 하지만 한 가지 말해주고 싶은 건, 완벽하게 하나님을 알 수 있는 사람은 없다는 거야. 이해 안 되는 부분도 있을 거고, 보이지 않아서 믿기 어려운 부분도 있을 거야. 하지만 예수님이 유진이를 위해 돌아가셨다는 것, 예수님을 통해서만 하나님을 만날 수 있다는 사실을 믿는 것만으로 유진이는 충분히 자격이 있어. 그러니까 절대 부담 갖지 말아. 아직 준비되지 않았다면 언제든지 이야기해주렴. 세례받기 직전이라도 괜찮아."

"저는 믿음이 부족한가 봐요. 완전하게 믿고 싶은데 너무 놀라운 일이라서, 너무 큰일이라서 하나님 사랑을 의심하는 것 같아요. 의심하면 안 되는 거잖아요." 하나님을 완벽하게 이해하고 알아야만 크리스천 자격이 생기는 것이라고 착각했다. 하나님이 나를 왜 사랑하시는지, 어떻게 얼마만큼 사랑하시는지 모두 알아야 한다고 생각했다. 그래야만 하나님의 딸로서 자격이 주어지고, 믿음이 완벽해야 하나님께 가까이 갈 수 있을 것이라 생각했다. 그때 문득 지현이네서 묵상했던 성경 말씀이 떠올랐다.

예수님은 여러 번 "믿음이 작은 자들아"라고 이야기하셨다. 이 말은 즉, 완벽한 믿음을 가진 자가 아니어도 하나님과 관계를 맺을 수 있다는 것이었다. 또한 믿음이 한 톨의 겨자씨만큼만 있으면 우리는 못할 게 없다고 하셨다.

　"이르시되 너희 믿음이 작은 까닭이니라 진실로 너희에게 이르노니 만일 너희에게 믿음이 겨자씨 한 알만큼만 있어도 이 산을 명하여 여기서 저기로 옮겨지라 하면 옮겨질 것이요 또 너희가 못할 것이 없으리라"[마태복음 17:20]

　하나님께서는 너무 잘 아셨다. 믿고 있으면서도 '내 믿음은 부족해'라는 핑계로 하나님과 거리를 둘 것을. 그래서 내 마음 깊이 말씀을 새겨 두셨나 보다.

잠깐이라도 세상에 의지하지 않고 하나님과 시간을 보내면 되는 것이었는데, 나는 그 시간이 무의미하다 여겼다. 그 시간에 한 사람이라도 더 만나지 않으면, 그 시간에 친구들과 함께 있지 않으면 내가 잊힌다 생각했고, 뒤처진다 생각했고, 배제된다 생각했다. 그래서 그 시간을 더 중요하게 여겼다. 하나님과 있는 단둘만의 시간. 그 소중함은 물론 그 시간이 필요하다는 사실조차 인지하지 못했다. 하나님은 내게 시간을 주셨다. 하지만 그 시간을 세상에 소비하느라 정작 가장 중요한 하나님과의 시간을 잊고 지냈다.

나를 사랑하는 자들이 나의 사랑을 입으며 나를 간절히 찾는 자가 나를 만날 것이니라 [잠언 8:17]
I love those who love me, and those who seek me find me.
[Proverbs 8:17]

하나님의
의도를
깨닫는
순간

시간이 흘러 미국에 있을 때의 이야기다. 나는 청년이 되었다. 그리고 대학생이 되었다. 대학에 가면 최고의 자유를 얻는다. 더는 미성년자가 아니므로 홈스테이 부모님의 보호도 필요 없었다. 이제 혼자 자취하면서, 하고 싶은 걸 다 하면서 인생을 누리면 되는 것이었다.

얼마나 좋은가? 이 순간을 그토록 기다렸다. 아무 눈치 안 봐도 되고, 배려하기 위해 애쓰지 않아도 괜찮았다. 워낙 외로움이 많았던 터라 내게 주어진 자유를 활용해 많은 친구를 사귀었다. 한순간이라도 혼자 있지 않으려고 같이 공부할 친구, 같이 파티에 갈 친구, 같이 쇼핑할 친구 등을 종류별로 사귀었고, 필요한 사람들로 주변을 채웠다. 덕분에 내가 원할 때는 언제든지 함께할 친구들이 있었다.

방학이 찾아왔다. 방학 동안 어디에 갈까 고민했다. 겨울방학은 길지 않기 때문에 미국 내 다른 주로 여행을 가든가, 짧더라도 부모님을 만나러 한국에 가는 친구들이 많았다. 이 기간에는 기숙사를 닫아 빨리 계획을 세워야 했다.

학교 캠퍼스에서 점심을 먹고 있는데 한 공고가 눈에 띄었다.

"겨울방학 기숙사 관리인 모집. 시급: 기숙사 무료 사용."

겨울방학 동안 기숙사 관리를 하면 기숙사에 무료로 머물 수 있었다.

최고의 조건이었다. 굳이 어디로 가지 않아도 되고, 관리라고 해봤자 아침과 점심에 기숙사에 아무도 없는지 확인하거나 화장실 곳곳에 불을 켜고 끄는 것이 전부였기에 충분히 할 수 있었다.

모두가 캠퍼스를 떠나 여행을 하고 한국에 가 있는 동안 나는 기숙사에 남았다. 3주 동안 쉬면서 밀린 드라마도 실컷 보고, 맛있는 것도 먹고, 운동도 하겠다며 내 나름의 건전하고 건강한 방학 계획을 세웠다.

그렇게 대학생이 되고 처음으로 아무도 없는 곳에서 다시 혼자가 되었다. 나 홀로 견딜 수 있다고 생각했다. 그러나 예상과 달리 갑자기 두려움이 몰려왔다. 워낙 어렸을 때부터 홀로 있던 시간이 많았기에 별것 아니라 여겼다. 하지만 내게 '혼자'는 트라우마였던 듯하다.

아무도 없는 곳. 친구들은 모두 떠났고 당연히 나를 위해 기도해주는 사람도 없었다. 트라우마는 유독 밤이 되면 심해졌다. 나는 밤이 싫었다. 밤만 되면 무서워졌다. 그저 낮이 지나 밤이 된 것이고 시간이 흐르면 다시 낮이 될 텐데, 모두가 잠든 그 시간이 너무 길게 느껴졌다. 이상할 정도로 평소보다 더욱 심한 외로움이 몰려왔다.

'나는 왜 이렇게 외로움을 많이 탈까?' 이런 자신을 구박하면서도, '이 순간만 견뎌내면 되겠지' 하며 마음을 다잡았다. 외로움이 극심해질 때는 엄마에게 전화를 걸었다.

"엄마 별일 없지?"

"그럼, 엄마도 잘 있지. 딸도 별일 없지?"

"응, 잘 지내고 있어. 방학이라서 기숙사에는 나 혼자야. 내년에는 한국에 꼭 놀러 갈게."

엄마에게는 절대 약한 모습을 보일 수 없었다. 걱정하실까 봐 그런 것도 있지만, 투정을 부리다 "왜 이렇게 약해 빠졌냐"는 엄마의 꾸짖음만 들을 게 뻔했다. 대신 비행기표와 경비를 아낄 수 있었다는 점에 뿌듯해하며 위안을 삼았다.

✦

별로 할 게 없던 나는 저녁으로 피자를 시켰다. 내가 가장 좋아하는 도미노 하와이안 피자. 그 위에 갈릭소스를 듬뿍 뿌려 먹는 것이 유일한 행복이었다. 눈이 펑펑 내려서 피자 배달은 1시간 이상 걸릴 듯했다. 멍하니 책상에 앉아 있었다. 무언가 해야 할 일이 있었던 것 같은데 떠오르지 않았다. 아니, 다시 생각해보니 딱히 할 일이 없었다. 아무것도 하지 않아도 되는 상황이 어색하고 불편해서 억지로라도 해야 할 일을 찾았나 보다.

'이 공허함은 뭐지?' 평소 이 시간쯤 되면 누군가를 불러 정신없이 놀거나, 혼자 있는 걸 피하려고 억지로 여러 사람들이 모인 곳으로 가서 뭐라도 하고 있었을 것이다. 그런데 지금은 그럴 수가 없었다. 막연한 불안감이 느껴졌다. 초조하고 마음이 안정되지 않았다. 이상했다. 계획대로라면 좋아하는 음식을 먹으며 드라마를 보면 되는 거였다. 단순하지만 꿀 같은 휴식 말이다.

그러나 당분간 혼자 있는 시간이 길어질 것이라는 생각에 두려움이 몰려왔다. 나는 방학 시작과 동시에 함께 있던 친구들을 떠올리며 방학의 끝을 기다리게 되었다. 그들이 즐거운 시간을 보내는 동안 내가 잊힐까 겁이 났다. 끊임없이 누군가에게 관심을 표하고 사랑을 건네야 사랑받을 수 있다고 믿었는데, 아무것도 하지 않고 홀로 있는 이 시간이 나를 불안하게 했다.

하나님에 대한 생각도 다를 바 없었다. 하나님을 위해 한 것이 없기 때문에 사랑받을 자격 역시 없다고 여겼다. 그럼에도 혼자 남겨진 지금 주변에 아무도 없다는 불안감이 나를 덮치자, 안정을 찾기 위해 멍하니 앉아 눈을 감았다. 그리고 마치 몸이 기억하듯 기도를 드렸다. 사실 기도보다는 이해가 안 되는 이 상황을 또한 번 하나님께 여쭈었다고 표현하는 게 더 적합할 듯하다.

"하나님, 이게 하나님이 원하시는 제 모습인가요? 왜 이리 저를 외롭게 하시나요? 하나님 음성이 들리지 않습니다. 하나님의 응답을 받지 못하고 있습니다. 다른 친구들은요, 다 사랑받으면서 평화롭게 방학을 보내는데, 저만 혼자 이렇게 발버둥 치고 있습니다. 저는 단 한 번도 외로움이라는 자유를 선택한 적이 없습니다. 단 한 번도 없었습니다. 저는 지금 이 순간에도 하나님 응답을 기다리고 있습니다."

"하나님, 이건 진짜 너무하신 거 아닌가요? 저는 이런 순간을 바란 적이 없습니다. 제가 뭘 그렇게 잘못한 건가요? 구하라고 해서 구했고, 기도하라 해서 기도했습니다. 하나님도 저를 외면하셨잖아요. 외로움 속에서 몸부림치는 저를 외면하셨잖아요. 단 한 번도 응답을 주지 않으셔서 이렇게 헤매고 있는 거 안 보이시나요? 하나님, 너무 서운합니다. 너무 서럽습니다."

서러움이 폭발했다. 결국 내 외로움에 내가 지쳐버린 것이다. 서럽게 기도하는 와중에도 나는 내가 잊힐까 봐, 다시 혼자가 될까 봐 무서웠다. 하나님을 향한 원망이었을까? 아니면 자신이 한심스러워 화를 토해낼 대상이 필요했던 걸까?

기운이 빠질 대로 빠진 나는 흐르는 눈물을 주체하지 못한 채 차가운 바닥에 엎드렸다. 이제는 무엇을 더 어찌해야 할지도, 뭘 어떻게 하고 싶은지도 몰랐다. 그렇게 아무도 없는 공간에서 마냥 눈을 감고 있었다.

시간이 얼마나 흘렀을까. 두려워 떨고 있는 마음 한구석에서 갑자기 안도감 비슷한 느낌이 올라왔다. 차가운 공기 속 마치 나를 위로하듯 감싸는 따뜻한 온기였다. 그때 그 느낌은 지금도 생생히 기억한다. 추운 날씨에 이모와 새벽 예배를 드리러 가는 길, 차 안에서 느꼈던 따뜻한 히터의 온기 같았다. 잊고 있던 어릴 적 그 순간이 떠올랐다.

"유진아, 이모가 기도해줄게. 같이 기도하자. 유진이는 잘 이겨낼 수 있어." 나를 잡아주시던 이모의 음성이 들렸다. 새벽부터 잠들기 전까지 틈날 때마다 내 두 손을 잡고 기도해주던 이모는 하나님이 보내주신 사람이었다. 기도보다는 재미난 이야기에 더 관심을 보이고 교회보다는 놀이공원에 가고 싶어 하던 나를 안고 꿋꿋이 기도해주시던 이모. 내가 보호받을 수 있도록, 외로움을 잘 이겨낼 수 있도록 기도해주시던 이모. 성령님을 통해 나는 그 분이 하나님께서 보내주신 분이었음을 확신했다.

"아침 먹기 전에 성경 공부를 해야 하니 일찍 일어나서 준비해" 라던 지현이 부모님의 음성도 들렸다. 중학생 시절 한창 사춘기를 겪고 있던 나였기에 그 어느 때보다 성경 말씀이 필요한 시기였다. 다른 친구들이 술과 담배, 마약에 빠지는 동안 하나님께서는 성경 공부를 통해 나를 보호하셨다. "나는 친딸도 아닌데 그냥 알아서 하게 내버려 두지, 왜 저러는 거야?"라며 투정 부린 적도 있었다. 겉으로 티는 안 냈지만 마음속은 불만으로 가득했던 내 모습. 하나님께서는 모두 아셨지만 시간과 사람을 들여 나를 보호하셨다. 지현이 부모님 역시 하나님께서 보내신 분이었다.

크리스천이 아니었던 수영 코치님도 하나님이 보내주신 사람이었을까? 지금 생각해보면 내가 코치님 집에서 홈스테이를 해야 할 이유가 없었다. 코치님 역시 굳이 나를 받아줄 이유가 없었다. 그러나 하나님께서는 그 시간을 허락하셨다. 또래 친구들보다 왜소하고 약했기에 더 외로움을 느꼈던 내게 외로움을 이겨내는 방법을 가르쳐주시는 시간이었다. 하나님께서는 육체적, 정신적 훈련의 시간을 허락하셨던 거다. 운동을 통해 건강을 찾게 해주셨고, 지속적으로 한계를 뛰어넘는 훈련을 할 수 있도록 도전의 시간을 내주셨다.

신나게 기타를 치며 노래를 불러주던 마리아와 브라이언을 떠올렸다. 비록 내가 무슨 음식을 좋아하는지는 몰랐어도 하나님이 필요하다는 것은 알고 계셨던 분들이다. 틈만 나면 "하나님이 너를 많이 사랑하셔! 이 찬양 한번 들어봐"라며 하나님에게서 멀어졌던 내 마음을 위로해주었다. 첫 성경을 선물해준 분들이었고, 다시 하나님을 찾을 수 있도록 응원해준 분들이었다. 하나님은 내게 필요한 것이 무엇인지 정확히 알고 계셨다. 향수에 젖어 스스로 작은 방 안에 가둬버렸던 내게 가장 필요한 분들을 보내주셨고, 가장 적절한 방법으로 나를 보호하셨다.

하나님은 나를 사랑하셨다. 넘어지고 헤매던 나를 위해 그 모든 사람들을 곁에 붙여주셨다. 왜 깨닫지 못했던 걸까? 왜 이제서야 갑자기 하나님의 마음을 안 걸까? 평소에는 전혀 생각지도 못했던 마음을 이날 하나님께 모두 고백했다. 그리고 하나님의 임재와 성령의 도움으로 확답을 받을 수 있었다. 주님은 내 모든 기도를 듣고 계셨다. 처음 하나님의 이름을 불렀을 때, 아니 그 훨씬 전부터 나를 알고 계셨다. 그리고 매번 응답하고 계셨다. 단지 내가 그 응답을 듣지 못했던 거였다.

기도의 의미를 일깨워주는 순간이었다. 확신의 화살이 심장에 꽂혔다. 어두웠던 방에 불이 켜지듯, 잘 들리지 않던 귀가 갑자기 뚫리듯 말로 표현할 수 없는 감정이 마음을 뜨겁게 감쌌다. 그렇게 의심하고 질문하고 의문을 품었던 내가 한순간에 강한 확신을 가지게 되었다.

너무 놀라 눈을 부릅뜨고 방을 둘러보았다. 조금 전까지 느꼈던 외로움은 사라지고 안정을 찾았다. 틀림없이 혼자인데 평안을 느꼈다. 이날 아주 큰 응답을 받았다. 이 응답을 받은 이후 하나님을 향한 태도는 달라질 수밖에 없었다.

하나님은 모두 응답하고 계셨다. 그런데도 난 '언제 들어주실까? 언제 응답하실까? 왜, 무슨 이유로 이렇게 응답하지 않으시는 걸까?' 묻고 또 물어왔다. 우리 모두가 한 번쯤 경험해봤을 것이다. 분명 예수님의 이름으로 기도드렸는데 하나님은 아무 반응이 없으신 것 같은 느낌. 내 기도를 듣고 계시긴 한 걸까? 기도의 방법이 잘못된 걸까? 점점 지쳐 결국 기도를 그만두는 경험도 해보았을 것이다.

하나님께서 나의 모든 기도를 듣고 계신 게 맞다면 수년간 계속된 같은 제목의 기도는 무슨 의미였을까? 나는 왜 계속 하나님의 응답을 갈구했던 걸까? 답은 하나고, 매우 단순했다. 단지 내가 하나님의 응답을 듣지 못했기 때문이다. 기도란 그런 것이었다. 하나님의 뜻을 알아차리는 그 순간까지 계속 기도해야 하는 것이다.

이날 드린 기도를 통해 오랫동안 안고 있던 문제가 한 번에 풀렸다. 하나님께서 계속 나와 동행하고 계셨음을, 내 부족한 기도 하나하나를 모두 듣고 계셨음을 확신하는 순간이었다.

예수님께서 십자가에 못 박혀 돌아가신 이유도 새롭게 다가왔다. 마냥 '옛날 이야기' 정도로 생각했던 예수님의 죽으심과 부활이 이제서야 마음속 깊이 꽂혔다. 내 죄를 씻어주심을 넘어 표현 가능한 가장 위대한 방법으로 "너를 사랑한다" 말씀하신 거다. 난 생처음 확신하는 순간이었다. 외롭게 십자가에 매달려 날 생각하셨을 예수님. '예수님도 외로우셨나요?' 말로 설명할 수 없는 슬픔과 감동이 몰려왔다. 이제야 하나님의 발자국이 보였다. 이제야 혼자가 아님을 깨닫게 되었다. 길고 컴컴한 터널에서 나와 마침내 날 위해 내민 하나님의 손을 목격하는 순간이었다. 이렇게 나는 처음으로 하나님의 손을 잡았다.

하나님, 하나님을 만나기까지 너무 오랜 시간이 걸렸습니다. 저를 보호하시고자 단 한순간도 놓지 않으신 아빠 아버지. 이제서야 하나님을 알게 되었습니다. 너무 죄송합니다. 그리고 정말 감사합니다.

"내가 산을 향하여 눈을 들리라 나의 도움이 어디서 올까 나의 도움은 천지를 지으신 여호와에게서로다 여호와께서 너를 실족하지 아니하게 하시며 너를 지키시는 이가 졸지 아니하시리로다 이스라엘을 지키시는 이는 졸지도 아니하시고 주무시지도 아니하시리로다 여호와는 너를 지키시는 이시라 여호와께서 네 오른쪽에서 네 그늘이 되시나니 낮의 해가 너를 상하게 하지 아니하며 밤의 달도 너를 해치지 아니하리로다 여호와께서 너를 지켜모든 환난을 면하게 하시며 또 네 영혼을 지키시리로다 여호와께서 너의 출입을 지금부터 영원까지 지키시리로다"[시편 121:1-8]

나만 하나님을 향해 고개 돌리면 되는 거였다. 나만 하나님의 이름을 부르면 되는 거였다. 그분의 눈은 늘 나를 향하고 계셨고, 그분의 입술은 늘 내게 말씀하고 계셨다. 그러나 나의 눈과 귀는 그분이 아닌 다른 곳을 향하고 있었다. 왜 이제서야 이런 나의 모습을 돌아볼 수 있던 것일까? 이 역시 성령의 은혜임이 분명했다. 그분께 나의 눈과 귀를 주목했을 때, 찬란하고 영광스럽고 크고 놀라우신 그분을 경험할 수 있게 되었다.

우리가 무엇이든지 구하는 바를 들으시는 줄을 안즉 우리가 그에게 구한 그것을 얻은 줄을 또한 아느니라 [요한일서 5:15]
And if we know that he hears us—whatever we ask—we know that we have what we asked of him. [1 John 5:15]

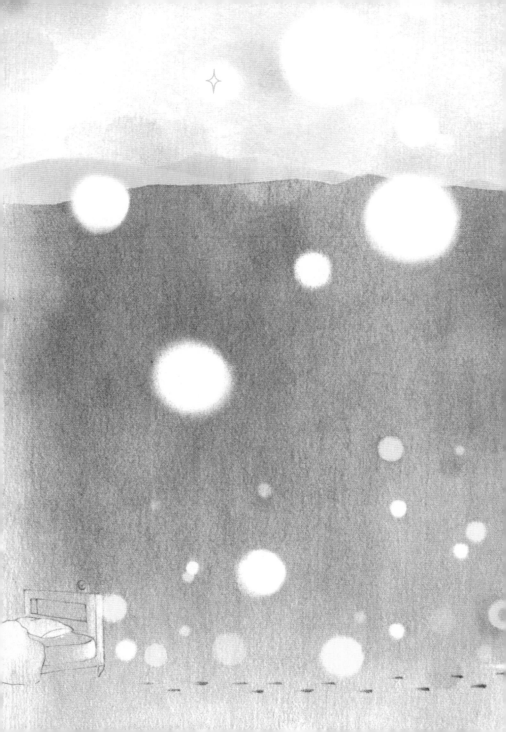

PART 4.

하나님이 나의 삶에
개입하실 때

하나님께서는 나의 삶에 여러 번 개입하셨다. 이것이 내 기도에 대한 응답이었다. 내가 받은 많은 응답 중 몇 가지를 공유하고자 한다.

첫째, 하나님께서는 내 기도와 정반대의 일을 통해 나를 보호하셨다. 내가 원하던 그 기도를 내가 원하는 방식대로 들어주셨다면, 나는 아마 더 깊은 구덩이에 빠져 다시 "꺼내달라"고 기도하게 되었을 것이다.

둘째, 결과가 아닌 과정을 통해 응답하셨다. 어떤 결과를 얻기 위해 기도했다면, 하나님께서는 그 결과에 닿기까지 수많은 과정을 거치게 하며 나를 단련하셨다.

셋째, 기다리라 하셨다. 지금은 이대로 멈춰 있으라 하셨다. 응답하시지 않은 게 아니라, 하나님이 계획하신 타이밍에 맞게 움직일 테니 믿고 기다리라는 것이었다.

함께 들으면 좋은 찬양

"나의 가는 길 나의 모든 상황 결코 우연이 아님을 난 믿네. 주께서 나를 보내신 그곳에서 나는 잠잠히 주를 또 신실하게 따르리." 〈나의 가는 길〉 中, 소망빛날개

"내 아버지 그 품 안에서 내 영혼은 안전합니다.
주 손길로 내 삶을 안으시니 그 평강이 나를 덮습니다. 나 비록 넘어지며 흔들리지만
주 내 안에 거하며 나를 붙드시니 내 생각을 주께로 돌리고
주시는 평강의 옷을 입습니다." 〈내 영혼은 안전합니다〉 中, 어노인팅

하나님을 향한 오해

전능하신 하나님이라면 무엇이든 다 하실 수 있고 두드리면 들어주신다고 했는데, 아직 내가 깨닫지 못한 응답이 수두룩하다. 기도의 의미를 깨닫고 나서도 주님의 응답이 좀 더 명확하기를 원했다.

'내가 뭔가 잘못한 것 같아. 내가 많이 부족해서 그런 걸 거야' 라며 더 나은 사람이 되어야겠다고 다짐했다. 힘들고 지친 가운데서도 노력하고 더 노력하는 사람이 되어야만 하나님의 응답을 들을 수 있다고 생각했다. 그리고 하나님의 응답과 인도하심이 있어야 크리스천으로서의 삶을 살 수 있을 것이라 착각했다. 이미 하나님이 내게 부여한 사명이 있으며 크리스천으로서 어떻게 살아가야 하는지 성경 말씀을 통해 알 수 있었는데도, 나는 한눈에 알아볼 드라마틱한 응답이 있어야 한다고 여겼다.

내가 원하는 건 명확했다. 전능하신 하나님께서는 충분히 해결하실 수 있는 바람이었다. 내가 볼 때는 참 간단한 문제였다. 그럼에도 불구하고 하나님의 응답이 없는 것은 단순히 기도를 들어주시지 않은 것이라 생각했다.

"외로움을 없애주세요", "사랑받을 수 있게 해주세요", "시험에 붙게 해주세요", "원하는 곳에 취직하게 해주세요" 등. 이렇게 단순한 내 바람들을 지금 당장 해결해주실 수 있을 것이라 믿는 것. 이것이 하나님을 향한 믿음이라 보았다. 내가 원하는 시간에 내가 원하는 방식으로 내가 만족할 만한 응답을 주실 것이라고 꿋꿋이 믿는 것 자체가 믿음이라고. 알라딘의 요술램프처럼 하나님께 구하면 그게 뭐든지 전부 이루어주실 것이라는 믿음. 그 믿음이 크리스천으로서의 믿음이라고 착각했다. 열심히 기도하고 주일 예배도 잘 드리고 말씀도 묵상하고 있으니, 그런 행위에 대한 '대가'로 바라는 걸 얻을 수 있으리라 생각했다. 어느 순간부터 순수한 마음으로 하나님을 따르는 게 아니라, 그분이 내가 원하는 걸 줘야지만 따르는 자녀가 되어버렸다.

하나님을 오해해도 단단히 오해한 것이었다. 하나님이 준비해두신 계획과 내가 세운 계획이 다를 때도 있다. 어쩌면 그렇게 어굿나는 경우가 그렇지 않은 경우보다 더 많을지도 모른다. 때로는 타이밍이 어긋나기도 한다. 하나님의 시간과 나의 시간은 다르다. 당장 원하는 답을 얻지 못하면 '하나님이 내 기도에 응답하지 않으시네' 하고 낙담했다.

하지만 그건 착각이었다. 앞에서 이야기했지만 하나님은 이미 기도에 응답하고 계셨다. 다만 내가 지금 당장 얻지 못했다는 사실에 함몰되어 하나님의 응답을 인지하지 못한 것이다. 때로는 알면서도 하나님의 방향을 인정하기 싫어 못 본 척, 못 들은 척하기도 했다. 내가 원하는 방식, 내가 원하는 때가 아니었기 때문이다. '내가 기도한 건 이게 아닌데? 하나님, 아직 답을 안 주신 거 맞죠? 더 열심히 기도하며 기다리겠습니다'라며 하나님이 주신 응답에 눈을 감아버리곤 했다. 하나님께서는 종종 '기다려' 혹은 '안 돼'라는 응답을 주시기도 한다. 그건 내가 알지 못하는 하나님만의 이유가 있어서다. 내가 원치 않는 답을 하시는 건 나를 보호하시기 위해서였다.

수년간 드린 기도와 하나님의 응답을 정리해보았다. "외롭지 않게 해주세요!"라고 기도했을 때 하나님은 이미 내 외로움을 알고 계셨지만 당장 외로움이 '뿅' 하고 사라지는 식의 해결책을 주시진 않았다. 그러나 시간이 지나고 돌아보면 어김없이 하나님의 발자국을 볼 수 있었다. 내가 외로움을 너무 힘들어했기에 하나

님의 사람들을 보내주셨고, 하나님의 말씀을 통해 나와 소통하고
자 하셨다.

나는 사랑받기를 원했다. 내면의 공허함이 채워지길 바랐다. 홀
로서기가 싫었다. 하지만 그때 경험한 외로움은 분명 필요했던
것이었다. 외로움을 통해 하나님을 찾게 하셨다. 그리고 동행하는
방법을 가르쳐주셨다. 그럼에도 불구하고 '응답받지 못했다'고
생각했던 건 착각이었다. 주신 응답을 '내가 원하던 게 아니야'라
며 스스로 거절해놓고는 기도가 이루어지지 않았다고 믿었다.

하나님께서는 친구를 붙여주는 방식으로 외로움을 해결하시
지 않았다. 사람들과의 관계를 통해서는 근본적인 외로움을 극복
할 수 없을뿐더러 오히려 더 괴로워질 수 있다는 것을 아셨다. 친
구들에게 의지해 외로움을 해결하려 했다면 지금 이렇게 건전하
고 건강하게 성장하지 못했을 것이다. 나와 하나님께 집중하지
않고 오로지 사람들에게만 의지했을 것이며, 자신을 위한 삶이
아닌 다른 사람이 원하는 삶을 살았을 것이다. 무엇보다 홀로서
기를 해야 할 때마다 하나님을 찾는 방법을 깨닫지 못했을 것이
다. 하나님은 더욱더 사람들로부터 나를 분리하셨다. 유난히 외로
움이 많은 아이였기에 사람들과 함께 있었더라면 하나님보다 그
들에게 더욱 의지했을 것이고, 하나님이 계획하신 길로 절대 가
지 않았을 것이기 때문이다.

외국에서 함께했던 홈스테이 부모님들과의 만남은 우연이 아니었다. 그 많고 많은 홈스테이 중에 왜 하필 이모(전도사님) 집이어야 했는지, 지현이네 집이어야 했는지, 수영 코치님의 집이어야 했는지, 마리아와 브라이언의 집이어야 했는지 이제서야 깨닫게 되었다. 그분들은 외로움을 해결하기 위해 보내주신 사람들이 아니었다. 하나님의 사랑으로 나를 채우고자 하신 것이다. 그분들을 통해 하나님을 접하게 하셨고, 성경 말씀으로 주님을 알게 하셨으며, 운동으로 건강을 찾게 하셨고, 찬양으로 내 마음을 움직이고자 하셨다. 하나님은 내 모든 기도를 듣고 정확하게 필요한 부분을 채워주셨다.

나는 당시 영어도 못하고 몸도 연약했다. 아무에게도 인정받지 못했으며, 항상 마지막까지 선택받지 못하는 아이였다. '다른 사람들처럼 행동하면 사랑받을 수 있겠지?' 하는 생각에 무작정 남을 부러워하며 그들의 행동을 따라 하곤 했다. 나 자신을 사랑하지 못한 채 말이다. 하지만 하나님은 내 기도의 의미를 정확히 아셨다. 표현이 미숙해서 무턱대고 "사랑받게 해주세요!"라고 기도했던 것일 뿐, 내게 세상 사람들의 사랑이 아닌 하나님의 사랑이 필요하다는 것을 정확히 알고 계셨다. 피상적 사고에 갇혀 헤매던 나와 달리, 하나님은 문제의 근본 원인을 알고 계셨기에 여러 가지 방법으로 보호하셨다. 나는 이를 고난이라 여겨 하나님을 원망하곤 했다.

지금에서야 알게 된 사실은, 하나님은 애초부터 내 외로움을 없애고자 하지 않으셨다는 것이다. 외로움으로 나를 더 단련하셨고, 동행하는 계기로 삼으셨다. 그 모든 게 외로움이라는 나의 약점을 강점으로 승화하기 위한 하나님의 계획이었다. 훈련을 통해 결국 난 승리할 수 있었고, 지금은 하나님께 사용받길 원하고 있다.

어떻게 보면 하나님의 기가 막힌 '장기 투자'다. 오랜 시간 외로움을 겪어내며 사람들을 이해하는 방법, 홀로 서는 방법, 다른 외로운 사람들과 공감하는 방법을 알게 하셨다. 그리고 그것들은 내 달란트가 되어 결과적으로 하나님의 또 다른 계획에 쓰임받게 되었다.

기도 응답이 없다는 생각이 들 때, 진지하게 고민해봐야 한다. (지금 당장은 너무 힘들게 느껴지더라도) 견뎌낼 수 있을 만한 강도의 역경으로 우리를 훈련하고 계신 건 아닌지, 짧은 인내의 끝에 상상할 수 없던 큰 은혜가 기다리고 있는 건 아닌지 말이다.

'엇, 내가 생각한 건 이런 게 아닌데? 이건 결코 내가 바라던 일이 아닌데…' 하는 생각이 들 때는 무조건 떼만 쓰지 말고 잠시 하나님께 집중해 보자. 하나님께 여쭈어보자. 구해보자. 공유해보자. 그리고 하나님과 동행하자.

형통한 날에는 기뻐하고 곤고한 날에는 되돌아보아라 이 두 가지를 하나님이 병행하게 하사 사람이 그의 장래 일을 능히 헤아려 알지 못하게 하셨느니라 [전도서 7:14]
When times are good, be happy; but when times are bad, consider this: God has made the one as well as the other. Therefore, no one can discover anything about their future.
[Ecclesiastes 7:14]

이는 내 생각이 너희의 생각과 다르며 내 길은 너희의 길과 다름이니라 여호와의 말씀이니라 [이사야 55:8]

"For my thoughts are not your thoughts, neither are your ways my ways," declares the LORD. [Isaiah 55:8]

너는 마음을 다하여 여호와를 신뢰하고 네 명철을 의지하지 말라 [잠언 3:5]

Trust in the LORD with all your heart and lean not on your own understanding; [Proverbs 3:5]

계획하지
않은 일을
마주할 때

계획을 세우고 목표를 이루는 데는 그 누구보다 자신이 있었
다. 작은 일에서부터 큰일에 이르기까지 다음 주에, 다음 달에, 다
음 해에, 더 나아가 최소 3년간 무엇을 해야 하는지 계획을 세워
흔들림 없이 목표를 향해 하나씩 실천해나갔다. 한번 하겠다고
마음먹으면 무슨 일이 있더라도 성사하고자 하는 (때로는 집착으
로 보일 정도의) 끈기와 부지런함을 선물로 받았다.

시간 약속에 엄격했고, 예기치 못한 일이 생기지 않도록 미리
미리 일정을 끝냈으며, 당일 해야 할 일을 마무리하기 전에는 절
대 취침하지 않았다. 친구들의 유혹에도 흔들리지 않았다. 집중력
도 좋았다. 하고 싶은 의지도 있었다. 꾸준함과 성실함은 나의 무

기였다. 그 어떤 일도 절대 내 계획에서 벗어날 수 없을 것이라 자신했다.

나는 플래너에 일과를 기재하는 것을 매우 좋아한다. 그래서 연초부터 플래너를 쓰기 시작해 연말 즈음 얼마나 가득 채웠느냐에 따라 성취감과 행복을 느끼곤 한다. 계획을 세우면 '특별한 일'이 없는 한 항상 그대로 이루어지는 편이었다. 하지만 하나님이 주시는 이 '특별한 일'이 생길 때마다 계획은 어김없이 무너졌다.

하나님께서 삶에 개입하실 때마다 마치 아무것도 아니었다는 듯 계획이 뒤틀렸다. 내가 게을러서, 계획을 잘못 짜서 그런 게 아니었다. 이런 일이 있을 때마다 '도대체 왜?'라는 의문에 휩싸여 하나님의 인도하심을 받아들이지 못했다. 이해가 되지 않았다.

"아니 하나님, 이토록 열심히 하고 있는데 도대체 무엇이 문제인가요?"

"저 친구는 나보다 더 잘한 게 뭐죠?"

"이렇게 하지 않으면 원하는 결과를 얻을 수가 없을 텐데, 대체 뭘 어떻게 하려고 제 길을 막으시나요?"

"지금 제가 가려고 하는 길이 나쁜 길도 아니잖아요. 그냥 도와주시면 안 되는 건가요?"

내 예측이 빗나가기도 했고, 상상치 못한 상황이 벌어져 당황하기도 했다. 주변 사람에게 온갖 상처를 입으면서까지 가고자 고집했던 그 길, 계획은 그렇게 종종 무산되었다. 때로는 어떻게 든 해결해보려고 혼자 진땀을 빼며 하나님께 온갖 짜증을 내기도 했다. 생각해보면 참 웃긴 게, 평소 그토록 하나님의 인도하심을 구하면서도 막상 내 삶에 개입하실 때는 이를 받아들이지 못해 힘들어했다. 절망과 좌절이 따라왔다.

만약 내가 "알겠습니다. 제가 원하는 대로 안 된다면 하나님이 원하시는 그 길로 가겠습니다" 이 한마디만 했어도 나는 바로 그 분이 인도하신, 가장 바른 길로 갈 수 있었을 것이다. 하지만 애써 버티고 거부했다. 몸부림치며 떼썼다. 그래서 더더욱 좌절하고 실 망을 느꼈던 듯하다. 선택의 여지가 없는 상황에서 그저 하나님 이 인도하시는 대로 주어진 길을 가면 되는데, 나는 다른 길을 열 기 위해 다른 땅을 파기 시작했다.

이유는 단순하다. 내게 열린 그 길이 마음에 안 들어서다. 결과 를 예측할 수 없어서다. 내 머리로는 지금 이 일이 어떻게 이득이 될지 도저히 답을 찾을 수 없었다. 그러다 보니 내가 가는 길이 어 렵고 고달프다고 느낄 수밖에 없었다. 그냥 인도해주시는 대로 가면 되는데, 이게 왜 그리도 어려웠을까? 어째서 응답해주시지 않는지 계속 기도로 여쭈었다. 결국 내 기도는 내가 원하는 응답 을 위한 기도였던 것이다.

사실 삶을 바꿔준 일들 대부분은 미리 계획하지 못했거나 예측하지 못했던 일들이었다. 하나님이 개입하셨던 순간들이 지금 이 자리에 서 있게 해준 것이다.

원하는 시험 점수를 얻지 못했을 때 "하나님, 왜 이렇게 저를 힘들게 하세요?"라고 질문하기보다 "다시 해볼게요. 결과가 아닌 과정에서 함께하길 원합니다. 하나님의 인도하심을 믿습니다"라고 했다면, 힘들어할 시간에 기쁜 마음으로 더 공부할 수 있었을 것이다. "하나님, 왜 제겐 그걸 주시지 않는 건가요?"라고 보채기 전에 "하나님, 제게 다른 것이 있군요. 기다리고 있겠습니다"라고 기도했다면, 기대감과 설렘을 안고 조금 덜 힘들어했을 것 같다. "하나님, 왜 이런 아픔을 주시는 건가요?"라며 아픔의 이유에 집착하기보다 "제가 입은 상처를 기억해주세요. 이거 이겨내면 더 잘되는 거 맞죠?"라며 하나님의 계획을 믿고 기다리면 되는 것이었다.

하나님은 어려움을 주신 게 아니었다. 내가 스스로 어렵게 받아들이고, 하나님이 아닌 이 세상에 집중했기 때문에 어렵게 느껴진 것이다. 하나님은 이런 우리 모습을 너무 잘 아시기에 성경을 통해 여러 번 말씀하셨다.

"내가 네게 명령한 것이 아니냐 강하고 담대하라 두려워하지 말며 놀라지 말라 네가 어디로 가든지 네 하나님 여호와가 너와 함께하느니라 하시니라" [여호수아 1:9]

"…너희 하늘 아버지께서 이 모든 것이 너희에게 있어야 할 줄을 아시느니라"[마태복음 6:32]

"우리 가운데서 역사하시는 능력대로 우리가 구하거나 생각하는 모든 것에 더 넘치도록 능히 하실 이에게"[에베소서 3:20]

당장 떠오르는 세 구절을 인용했지만, 이외에도 셀 수 없이 많다. 우리가 하나님과 동행할 때 분명 힘들어할 것을 아셨기에, 이렇게 투덜거릴 걸 아셨기에 몇 번씩이나 말씀하고 또 말씀하신 것이다. '힘들지 않을 것'이라고 하신 적은 없다. 다만 모두 하나님께 맡기라고 하셨다. 지금 이 순간 내 계획대로 되지 않는 일이 있다면 잠시 하나님께 맡겨보자. 만약 자신이 세운 계획이 무산돼 하나님을 원망하고 있다면 다시 한 번 깊이 생각해보자.

나도 실패와 좌절 그리고 실망을 겪은 후에야 하나님의 응답을 인지할 수 있었다. 원하는 대로 되지 않을 때는 언제나 하나님이 개입하고 계셨다. 그래서 나는 계획이 무산되거나 생각대로 실행되지 않을 때 재정비하는 시간을 갖는다. 원래 계획과 다르게 벌어지는 상황을 인지한 후, 다시 하나님께 구해보는 것이다.

"하나님께서 지금 제 삶에 개입하신 줄로 믿습니다. 제가 그 계획을 알지 못해 마음대로 질주했습니다. 하나님, 올바른 길을 구분할 수 있도록 확신을 주시고 인도해주세요."

사람들은 힘든 상황이 닥치면 "어떻게든 이겨내야 한다"고 외친다. 끝까지 버텨야 한다고 말한다. 가장 적합한 방법, 가장 손해 없는 방법을 생각해내 수단과 방법을 가리지 않고 세상이 만들어낸 '최고'라는 결과를 쟁취해야 한다고 주장한다. 열심히 하면 무엇이든 다 할 수 있을 것이라고 한다.

나도 그렇게 믿었다. 세상이 알려준 대로 나 역시 힘듦을 이겨내려면 최선을 다해 열심히 하고, 내가 할 수 없는 일이 있다면 최대한 버티는 게 답이라고 생각했다. 이렇게 해야 진정한 승자가 되는 것이라고 배웠다. "노력은 배신하지 않는다"는 말도 있지 않은가? 하지만 그렇지 않을 때가 있다. 아무리 발버둥을 쳐도, 아무리 열심히 해도 하나님께서 개입하실 때는 내 계획과 노력이 아무 의미가 없어진다. 하나님은 내게 "버텨라", "이겨내라"고 하지 않으셨다. 단지 "너 자신을 부인하고 따르라"고 하신다. 내 뜻대로 될 것이라는 믿음보다는, 내가 원하지 않은 결과 속에도 하나님의 뜻이 있음을 믿고 따라야 한다. 우리의 목표는 (원하는 결과든 아니든) 일이 되어가는 '과정'을 통한 인도하심이 있음을 믿고, 이를 통해 하나님이 우리에게 무엇을 보여주고 계신지 배우는 것이다.

여기서 잠시 멈추고 곰곰이 생각해보자. 나의 '열심'이 이 세상 기준을 충족하기 위한 것인지, 하나님 말씀과 인도하심을 기준 삼은 것인지 재점검할 필요가 있다. 즉, 무엇을 중심에 두고 열심히 하고 있는지 확인해봐야 한다는 것이다. 세상 사람들의 환호와 박수를 기대하고 있진 않은가? 주님이 하라고 하시는 것을 행하고, 멈추라고 하실 때 멈추고, 기다리라고 하실 때 기다릴 줄 아는 태도를 기르고 있는가?

너희는 이 세대를 본받지 말고 오직 마음을 새롭게 함으로 변화를 받아 하나님의 선하시고 기뻐하시고 온전하신 뜻이 무엇인지 분별하도록 하라 [로마서 12:2]

Do not conform to the pattern of this world, but be transformed by the renewing of your mind. Then you will be able to test and approve what God's will is — his good, pleasing and perfect will. [Romans 12:2]

무리와 제자들을 불러 이르시되 누구든지 나를 따라오려거든 자기를 부인하고 자기 십자가를 지고 나를 따를 것이니라 [마가복음 8:34]

Then he called the crowd to him along with his disciples and said: "Whoever wants to be my disciple must deny themselves and take up their cross and follow me." [Mark 8:34]

결과가 아닌
과정으로
보여주실 때:
첫 번째 이야기

열심히 했음에도 원하는 결과를 얻지 못할 때가 있다. 세상일이란 게 항상 내 뜻대로만 되지는 않는다는 걸 잘 알 것이다. 이럴 때는 결과가 아닌 과정에 집중해보자. 하나님은 결과로만 영광받으시는 분이 아니다. 하나님이 감동받고 기뻐하시는 건, 그 어떤 목표와 꿈이 시야를 가려도 꿋꿋이 주님과 동행하고자 하는 우리의 의지다. 이를 통해 하나님의 선물을 발견할 수 있다. 때로는 성공적인 결과가 아닌 주님과 동행하면서 맺는 관계를 통해 최고의 선물을 만나기도 한다.

"이번이 정말 마지막 시험이야." 로스쿨 입학 시험LSAT을 앞두고 매번 했던 말이다. 처음 함께 학원에 다니던 친구들은 이미 좋은 시험 점수를 얻어 로스쿨에 진학했거나 진로를 바꿔 취업에 성공한 상황이었다. 반면 나는 수년째 홀로 시험 공부를 이어가고 있었다. 심지어 변호사 시험도 아닌, 로스쿨 입학을 위한 공부였다. 변호사가 되기에는 갈 길이 멀고도 멀었다. 아직 제대로 시작도 못 해본 것 같은데 로스쿨 입학 문턱에서부터 삐걱거렸다.

어김없이 새벽부터 무거운 가방을 들고 혹여나 자리를 놓칠까 부랴부랴 짐을 챙겨 독서실로 향했다.

'오늘따라 가방이 왜 이렇게 무겁지?'

그러고 보니 공부할 책 외에 많은 것들이 들어 있었다. 공부 시작 전 묵상을 위한 QT 책부터 추울 때 입을 카디건, 쉬는 시간에 먹을 간식과 오후 운동용 운동복까지. 독서실에 전용 사물함이 있었지만, 매일 들고 다녀야 마음 편한 것들이 몇 가지 있다. '내일은 카페에서 공부 좀 하고 와야지', '내일은 집에서 공부해야지', '내일은 독서실 오기 전에 공부 좀 하고 와야지' 등 여러 다짐을 하다가도, 결국 불안한 가슴을 움켜쥔 채 무작정 이것저것 챙겨 나만의 공간을 찾아가곤 했다.

당시에는 이렇게 열심히 오랫동안 공부했는데 원하는 점수가 안 나오는 걸 보면 분명 내게 문제가 있는 것 같다며 종종 자책했다. '다른 친구들은 금세 원하는 학교에 갔는데…. 어쩌면 이 길이 나의 길이 아닌 걸까?' 하며 수없이 의심했다.

나는 다양한 공부 방법을 시도했다. 학원도 여러 곳을 다녔고, 어지간한 교재나 문제집은 다 풀어봤으며, 지난 5년간 출시된 모든 기출문제를 달달 외울 정도로 많은 시간을 투자했다. 그럼에도 원하는 점수를 얻지 못했다. 그렇게 공부했는데도 점수가 오르지 않자 주변 사람들도 "꼭 변호사만이 길은 아니야"라며 위로했다. 틀린 말은 아니다. 굳이 변호사가 되지 않아도 할 일은 많다.

하지만 포기할 수 없었다. 미련을 끊지 못한 걸까? 여기서 그만두면 새롭게 도전할 목표를 다시 찾아 처음부터 시작해야 한다는 불안감 때문이었을까? 최소한 세상이 가르쳐준 '노력하면 된다' 식의 마인드 때문은 아니었다. 포기하지 않아도 안 될 일은 안 되고, 포기해도 될 일은 된다는 걸 몸소 경험해본 내게는 그다지 와닿지 않는 말이었다.

사실 그때는 정신적으로도 육체적으로도 많이 지쳐 있었다. 원하는 점수가 안 나오면 집중력이 흐트러졌다. 은연중 다른 친구들과 비교할 때마다 무너지는 나 자신을 컨트롤하기도 너무 힘들었다. 화장실에서 몰래 울며 좌절한 것도 한두 번이 아니었다. 그럼에도 몇 년 동안 포기하지 않았다. 사람들에게 인정받고자 하는 집착이었을까? 아니면 꿋꿋이 하나님과 동행하고자 하는 나의 의지였을까?

솔직히, 당시 마음속 목표는 '이 세상이 인정해주는 로스쿨 입학'이었다. 친구들을 포함한 사회 구성원 모두가 인정해주는 학교와 직업을 원했다. 그래야 주변 사람들에게 박수를 받고, 이후 변호사가 되어도 '명문 로스쿨 출신'이라는 타이틀이 붙을 것이며, 대형 로펌 또는 대기업에 높은 연봉 조건으로 쉽게 취직할 수 있을 것이다. 그뿐인가? 높은 위치에 올라갈수록 더더욱 인정받을 수 있을 것이다. 결국 어느 로스쿨에 입학하느냐에 따라 미래가 정해진다는 것이 내가 생각한 내 삶의 '답'이었다.

함께 공부하던 동기들과 모이면 주로 이런 이야기를 나눴다. '우리가 그 자리에 올라가면 어떤 모습일까?' 상상하면서 아직 변호사가 되지도 않았는데 서로 "김 변호사~ 한 변호사~"라 칭하며 응원하기도 했다. 우리 모두 '왜 변호사가 되고 싶은지'에 대해 듣기 좋은 답은 해도 명확한 답을 내진 못했다. 로스쿨 학생 대부분이 그랬다. 다들 누군가를 돕고 싶다는 막연한 생각은 있었으나 왜 변호사가 되고 싶은지 확실히 대답할 수 없는 학생이 대다수였다. 마냥 '사회가 인정해주는 좋은 학교에 들어가야 한다'는 생각만 하고 있을 뿐이었다.

그렇게 내 목표는 자연스럽게 세워졌다. 오로지 최고의 점수를 받는 것이었다. 원하는 로스쿨에 입학하는 것이 그 목표의 첫 단계이자 지금 열심히 공부해야 하는 이유였다.

내겐 '로스쿨 입학'이라는 뚜렷한 목표가 있었기 때문에 하나님도 나와 동일한 계획을 세우신 줄 알았다. 하지만 그렇지 않았다. 하나님께서는 내가 정해놓은 목표를 도구 삼아 신앙적 훈련을 계획하셨다. 하나님의 특별 훈련이 시작되는 시점이었다.

나는 목표를 향해 열심히 그리고 최선을 다해 공부했다. 비록 세상적인 목적으로 임하긴 했어도 그 과정에서 줄곧 하나님과 동행했다. 이 막중한 불안감 속에서 하나님을 멀리한다는 것은 상상도 못할 일이었다. 그 습관은 당시부터 지금까지 계속 이어지고 있다. 어떤 일을 시작하기 전에 하나님께 먼저 기도드리고 말씀을 묵상하는 습관이 이 시기부터 몸에 밴 것 같다.

로스쿨을 준비하는 내내 인생에서 하나님과 가장 가까운 시간을 보냈다. 오랜 시간 공부한 만큼 하나님과의 관계도 깊어졌다. 오로지 하나님과 나, 단둘만의 시간을 보내게 되었다. 이 세상이 나에게 요구하는 '기준'도 나를 방해할 수 없었다. 늦긴 했지만 그렇게 하나님과 동행하는 방법을 터득하고 있었다. 그 어떤 어려움 속에서도 하나님을 놓지 않도록 강하게 훈련받았다.

시험 첫해, 가고자 희망했던 로스쿨에서 모두 날 거절했다. 그 다음 해는 '적어도 한 곳 정도는 내 점수로 갈 수 있는 학교가 있을 것'이라는 생각에 기준을 낮춰 다시 지원했다. 하지만 주변 선배들은 "명문 로스쿨에 못 갈 바에는 안 가는 게 낫지. 취업도 힘들 거고, 아무도 인정해주지 않을 거야"라며 나를 말렸다. 세상이 정한 기준에 따를 것을 조언하면서, 현실적으로 생각해야 한다고 했다. 세상적 기준에서 그들의 말이 틀린 건 아니었다. 하지만 하나님의 기준에 집중해야 했다. 물론 몇 년 동안 공부하고, 시험 보고, 떨어지고를 반복하면서 자존감은 점점 고갈되고 있었다. 아마 그때 친구들이 보기에 나는 가장 초라하고 초췌한 모습을 하고 있었을 것이다. 하나님 눈에는 가장 예뻤을지 몰라도 말이다.

그 기간은 내가 가고자 했던 학교 목록이 모두 바닥날 때까지 지속되었다. 그렇다. 내 기준을 모두 내려놓을 때까지 계속된 것이다. 하나님께서는 내가 동기들과 같은 길을 가는 것을 허락하지 않으셨다. 그들이 성공적인 점수를 얻고 최고의 길을 걷는 동안 나는 초라한 모습으로 같은 자리에 멈춰 있었다. 그리고 계속 세상이 요구하는 기준에서 벗어나 온전하신 하나님 뜻이 무엇인지 분별하는 시간을 보내야 했다.

난 끊임없는 기도를 통해 좌절감 속에서도 다시 일어날 힘을 얻었다. 기도는 각종 슬럼프와 무기력증에서 빨리 빠져나올 수 있도록 나를 이끌었고, 종종 의심이 들 때는 세상적 기준이 아닌 하나님 기준으로 중심을 잡을 수 있게 도와주었다. 기도로 에너지를 충전하기도 했다. 원하는 점수를 얻지 못해도 기도로 위로했고, 피곤하고 힘들 때도 잠시 산책을 하며 기도로 쉼을 청했다. 이렇게 드린 기도는 내가 무너질 때마다 밟고 일어설 수 있는 디딤돌이 되어주었다.

"하나님, 이쯤 되면 하나님의 다른 계획이 있을 것 같습니다. 정말 열심히 했는데 잘 안되네요. 왜 이렇게 포기하지 못하고 미련이 남는지 모르겠습니다. 혹시 제가 하나님의 인도하심을 깨닫지 못하고 또 저만의 고집을 부리고 있는 걸까요? 계속 이렇게 붙잡고 있어도 되는 건가요? 사실 점수도 점수지만, 하나님과 동행하고 있는 이 기회를 놓치고 싶지 않습니다. 무언가 해보겠다는 저의 의지를 기억해주세요. 제가 매번 실패하더라도 그런 부족한 제 모습을 기억해주세요. 예수님의 이름으로 간절히 기도드립니다. 아멘."

나는 점점 달라지고 있었다. 세상이 나의 귀에 속삭이는 기준을 차단하고 하나님 목소리에 집중하는 방법을 터득하는 순간이었다. '역시 나는 믿음이 좋아! 비록 원하는 학교는 모두 거절당했지만 그것도 하나님 뜻일 테니…. 이번에는 하나님이 꼭 정해주실 거야!' 좌절 속에서도 하나님 손을 놓지 않은 내 모습을 보며 기뻐하실 것이라는 생각에 기운을 차릴 수 있었다(그래도 밤에는 불안함에 잠을 설치긴 했다).

얼마 뒤 지원했던 로스쿨들에서 합격 여부 메일이 왔다. '자, 어디 보자. 어…? 이게 뭐야. 무슨 일이지?' 분명 붙을 거라 자신했던 학교들이 모두 거절 통보를 해온 것이었다.

'이 학교들을 가기엔 점수도 충분했는데 설마 한 곳도 합격 못 한 거야? 말도 안 돼. 나 지난 2년 동안 뭐 한 거지?' 온전하신 하나님의 뜻이 도대체 무엇일까?

'여러 학교에 합격하면 그중 가장 장학금이 많거나 생활 환경이 좋은 곳으로 가야지'라며 내 딴엔 김칫국을 마시고 있었는데, 갑작스러운 결과에 멘붕이 왔다. 주변 사람들은 "운이 안 따라줬다"며 위로했지만 도움이 되지 않았다. 함께 공부한 친구들이 합격하는 그 학교에 왜 나는 갈 수 없는지 화가 났다. 왜 모두가 타는 그 버스에 나는 탈 수 없었던 것인지, 모두가 가는 방향을 왜 나는 따라갈 수 없었는지 혼란스러웠고 마음은 점점 더 초조해졌다.

나는 하나님의 뜻을 따르며, 세상이 요구하는 기준에서 벗어나 다른 사람들의 평가와 시선에 눈감고 무시할 수 있는 용기를 얻은 줄 알았다. 그런데 생각했던 기준보다 훨씬 더 낮아져야 하는 상황이 된 것이다. 그러자 하나님이 나를 위해 세우신 계획을 의심하기 시작했다. 내가 갈 수 있는 로스쿨은 없었다. 그 많고 많은 학교들 중에, 가고 싶었던 학교 목록 중에 주님께서 허락하신 학교는 없었던 것이다.

시간이 지난 지금, 당시 내 모습이 내 삶의 최고의 모습이었음을 역설적으로 고백해본다. 그 모든 과정이 너무나도 당연했다. 하나님께서 계획하신 그때 그 시간은 애초부터 로스쿨 입학을 위한 시간이 아니었기 때문이다. 하나님은 온전히 그분의 목소리에만 집중하는 방법을 알려주고 계셨다. 이때 나는 처음으로 세상적 기준을 차단하는 방법을 터득했다. 물론 그 시기에는 모두가 열심히 노력해서 인정받기 위해 높은 곳으로 올라가는 것이 무슨 문제일까 생각하기도 했다. 하지만 하나님은 그런 상황을 통해, 세상 기준에 맞춰 억지로 충족한 일보다 하나님과 함께 이뤄낸 일들이 훨씬 의미 있음을 가르쳐주고 계셨던 것이다. 이것은 오로지 과정을 통해서만 알 수 있는 중요한 레슨이었다.

당시엔 하나님의 인도하심이 없다고 생각했다. 하지만 나중에 돌아보니 (이렇게 돌아보는 것도 하나님 은혜다) 꿈과 목표가 있음에도 그것을 이루지 못할 때 어떻게 일어나야 하는지를 몸소 경험해봤던 것이다. 이를 겪어보지 않았다면, 그냥 문제없이 원하는 학교에 입학해 졸업하고 변호사가 되고 내가 하고 싶은 대로만 이뤄졌다면, 꿈과 목표를 달성해나가는 근본적 과정에 대해 아무에게도 설명하지 못했을 것이다. 이 세상이 알려주는 것처럼 그저 열심히 앞만 보고 꿋꿋이 달리면 된다고 했을 것이다. 하지만 이 일을 통해 배운 것은 그게 아니었다. 하나님은 잠시 다른 길로 날 인도하셨고, 그 길에서 봐야 하는 것들이 있음을 알게 하셨다.

이 세상의 기준이 답이라면 그것을 충족하거나 달성했을 때 정말 행복해야 한다. 만약 그렇지 않다면 틀림없이 잘못 알고 있는 것이다. 결국 가장 의미 있는 것은 '하나님과 무엇을 함께하느냐'다.

하나님의 인도하심을 느끼지 못할 때는 그냥 가만히 있어보자. 하나님이 무언가 보여주시려는 것이니.

너는 마음을 다하여 여호와를 신뢰하고 네 명철을 의지하지 말라 너는 범사에 그를 인정하라 그리하면 네 길을 지도하시리라 [잠언 3:5-6]

Trust in the LORD with all your heart and lean not on your own understanding; in all your ways submit to him, and he will make your paths straight. [Proverbs 3:5-6]

사람이 마음으로 자기의 길을 계획할지라도 그의 걸음을 인도하시는 이는 여호와시니라 [잠언 16:9]

In their hearts humans plan their course, but the LORD establishes their steps. [Proverbs 16:9]

사람의 마음에는 많은 계획이 있어도 오직 여호와의 뜻만이 완전히 서리라 [잠언 19:21]

Many are the plans in a person's heart, but it is the LORD's purpose that prevails. [Proverbs 19:21]

결과가 아닌
과정으로
보여주실 때:
두 번째 이야기

두 가지 선택이 있었다. 로스쿨을 포기하거나, 1년 더 공부해서 다시 시험을 보거나. 하지만 지난 몇 년간 공부하고 몇 번의 좌절을 맛보았는데, 거기에 또다시 1년을 공부한다는 것은 심적으로 현실적으로 불가능하다고 느껴졌다. 몇 번씩 시험을 쳤지만 점수가 더는 오르지 않았던 터라 포기를 선택하는 수밖에 없었다.

'그래, 내 길이 아니라는 거야. 여기서 그만두자.'

남들이 많이도 한다는 그 '포기', 나도 한번 해보기로 했다. 포기가 뭐 별거인가? 그냥 방향만 바꾸는 거지, 꼭 나쁜 건 아니잖아? '비록 몇 년 동안 이 시험 공부에 투자했어도, 다 하나님 뜻이 있을 거야. 내가 하나님의 응답을 듣지 못한 탓에 시간을 낭비했을 뿐이야.' 분명 하나님의 뜻이 있을 것이라며 위안했다. 내가 잘 몰라서 하나님의 인도하심을 깨닫지 못하는 것이라 여겼다.

'그래, 포기하자! 이것이 하나님의 계획일 거야!'

나는 40일 새벽 기도를 통해 로스쿨이 나의 길이 아님을 응답받았다고 굳게 믿었다. 그래서였을까? 이미 머릿속에서 답을 정한 채로 기도드렸기 때문에 40일 새벽 기도를 마무리하는 게 힘들지 않았다. 오히려 마음이 편해지는 것 같았다.

"하나님. 지금까지 하나님과 동행했습니다. 아침 일찍 공부하기 전에도 하나님을 가장 먼저 찾았습니다. 시험 점수가 만족스럽지 않아도 하나님을 찾았습니다. 지금 이 순간, 앞으로 어떻게 해야 할지 모르는 상황에서 다시 하나님을 찾습니다. 하나님, 분명 로스쿨은 제 길이 아니라는 거죠? 알겠습니다. 여기서 그만하겠습니다. 많이 슬프지만 괜찮습니다. 하나님의 뜻이 있음을 믿습니다. 그런데요, 하나님. 저 이제 뭐 하죠?"

앞으로 무엇을 해야 할지 한창 고민하고 있던 때, 오랜만에 한 친구에게 연락을 받았다. 친구는 내가 로스쿨을 포기한 걸 모르는 상황이었다. "유진아, 너 어느 로스쿨 갈 거야? 나 이번에 애틀랜타에 있는 로스쿨에 가. 남자친구도 애틀랜타 쪽 학교에 같이 합격했어." 원래 일반 대학원 진학을 앞두고 있던 친구가 뜬금없이 로스쿨을 간다며 연락해온 거다.

"애틀랜타? 좋겠다. 나는 아직 모르겠어. 그냥 로스쿨 가지 말까 고민 중이야."

차마 지원했던 모든 곳에서 거절당했다는 말은 하지 못했다. 로스쿨을 포기했다는 말도 하지 못했다.

"너도 애틀랜타로 가지 않을래? 아직 8월 입학지원서를 받고 있어. 나랑 같이 룸메 하자. 거기 물가가 비싸서 혼자 살기에는 조금 부담스럽거든."

아직 지원서를 받는다고? 지금 3월이 지났는데? 미국은 8월에 새학기가 시작하므로 대부분의 로스쿨은 전년도에 모집을 끝낸다. 그래서 이 시기에 지원할 학교가 있다고는 상상도 하지 못했다.

집에 와서 인터넷으로 학교를 알아보았다. 친구가 알려준 학교는 한 번도 들어본 적 없는 작은 곳이었다. 그렇게 가고 싶었던 에모리 로스쿨 인근에 위치했지만 완전히 다른 학교였다. '아무도 알지 못하는 이 학교가 과연 내게 도움이 될까? 하나님이 허락해 주시는 학교가 맞긴 한 걸까? 이 학교로 보내시는 목적이 무엇일까?' 하는 생각부터 앞섰다.

그러나 생각도 잠시, 바로 지원했다. 무슨 생각이었는지 지금도 잘 모르겠다. 함께 공부한 친구들은 세계 최고라 불리는 명문 로스쿨에 입학하고 있었다. '내가 지원하려는 학교와는 비교할 수도 없을 만큼 차이가 나는데 그들의 평가와 시선을 무시한 채 잘 다닐 수 있을까?'라는 걱정도 들긴 했다. 하지만 모든 필요 서류가 이미 컴퓨터에 저장되어 있어 간편하고 빠르게 즉시 지원 가능하다는 이유 하나만으로 곧장 접수해버렸다. 그리고 일주일 뒤 합격 통지를 받았다.

'이렇게 빨리 답을 준다고? 설마 정원 미달 아냐?' 너무 쉽게 합격한 탓에 의심부터 들었다. 그러나 이후 며칠간 '이 학교에 가야 할 것 같다'는 생각이 머리에서 떠나지 않았다. 모두가 반대하고 부정적으로 이야기하는데도 어디서 난 용기인지, 더는 그렇게 생각하지 않게 되었다. 말로 설명할 수 없는 작지만 확고한 자신감이 생겼다. 하나님과 동행하는 학교생활, 잘할 수 있을 것 같았다. 무엇보다 입학을 준비하는 과정이 전부 순조롭게 진행되었다. 비자도 빨리 발급받았고 거주할 아파트는 친구 덕에 이미 마련했으며 여러모로 비용도 최소화할 수 있었다.

모든 것이 2주 안에 해결되었다. 이렇게 나는 갑작스럽게 로스쿨에 입학했다. 당시 주어진 유일한 방법이었다. 원하던 학교도 아니었고, 위치 역시 생각하지 못한 곳이었다. 얼마 전까지만 해도 로스쿨에 못 갈 것 같다며 어떻게 해야 할지 고민하고 있었는데, 새 길이 열린 것이다. 하나님이 주신 길이 맞나? 한동안 계속 의심했다. 그래서 다시 기도했다.

"하나님, 로스쿨은 이제 포기하려 했는데 갑자기 왜 이런 기회를 주시는 건가요. 확신을 주세요. 너무 헷갈립니다. 만약 로스쿨을 허락하신 거라면 지금까지 제가 걸어온 길이 이토록 힘들 필요가 있었을까요?"

이쯤 되면 "지난 몇 년 동안 공부를 열심히 했는데 원하는 점수도 얻지 못하고, 또 원하는 학교도 입학하지 못했네요? 하나님께 받은 은혜가 대체 뭐죠?"라고 질문할 수도 있겠다. 나조차 이 부분을 이해하는 데 오랜 시간이 걸렸다. 하지만 그건 나를 이곳으로 보내기 위한 하나님의 유일한 방법이었다. 다른 선택지가 있었더라면 절대로 움직이지 않았을 것을 하나님께서는 너무 잘 알고 계셨다.

팩트는 이렇다. 나는 로스쿨에 가기 위한 목표를 세웠다. 하지만 그 과정과 결과는 하나님께서 개입해 만드신 것이다. 내가 간절히 원하던 로스쿨 목록은 의미 없었다. 나의 로스쿨 준비 과정은 입학만을 위한 단순한 시간이 아니었으며, 결과 역시 예측할 수 없었다. 마치 매일 운동하고 식단을 조절하는데 신체 변화를 느끼지 못하는 것과 비슷하다.

다른 친구들처럼 원하는 점수를 얻어 원하는 학교에 입학하면 좋았겠지만, 하나님이 보시기에 지금 내게 필요한 것은 그게 아니었다. 더 큰 목적이 있으셨던 것이다. 명문 로스쿨에 입학한 친구들과 같은 점수를 얻고, 같은 버스를 타고, 같은 방향을 향했다면 나는 그들과 같은 길을 걷고 있을 것이다. 하지만 하나님의 계획에서 나는 다른 길을 걸어야 했다. 다른 곳에서 다른 배움과 다른 성장 과정이 있어야 했던 것이다(지금의 나를 만들어내기 위한 하나님의 큰 그림 아니었을까).

깊은 좌절감 속에서도 힘든 몸을 이끌고 하나님을 찾았다. 조바심이 났지만 인내심을 가지고 하나님의 답을 기다렸다. 원하던 모든 로스쿨에서 거절당하고 나서야 온전히 하나님의 인도하심을 따르게 되었다. 내가 무작정 옳다고 생각하는 기준부터 버려야 했다. 사람들의 평가와 이 세상이 만들어낸 기준을 답이라 여기지 않게 된 것이다.

너무 당연하게 생각했던 일조차 하나님 뜻과 다를 수 있음을 배웠다. 예를 들면 이렇다. 내가 생각하는 내 최고의 모습을 떠올려보자. 어떤가? 하나님께서는 내 최고의 모습이 어떤 모습인지 보여주셨다. 바로 온전히 하나님 말씀에 순종할 때였다. 이랬다저랬다 방황하지 않고, 세상 말에 흔들리지 않을 때 진정 최고의 모습을 깨달을 수 있다는 것을 이때 보여주셨다. 이것은 결과가 아닌 과정을 통해서만 알 수 있는 것이었기에 내가 계획한 꿈과 목표 위에서 나를 훈련하셨던 것이다.

하나님은 알고 계셨다. 나한테 지금 가장 필요한 것이 무엇인지. 비록 원하는 시간에 원하는 방법으로 원하는 학교에 보내주시진 않았지만, 이것이 여정의 끝이 아님을 알려주셨다. 아직 훈련은 남아 있었고, 하나님과의 모험은 더욱 흥미진진하게 진행될 예정이었다.

하나님께서 주시는 많은 응답 중 기다림Wait이 있고 거절No도 있다. 로스
쿨을 준비하면서 하나님께서는 여섯 번의 'No'를 주셨다. 여러 번 No라
는 응답을 받으면서 경험했던 주님과의 시간을 공유하고자 한다.
No라는 답을 얻을 때마다 쉽게 포기할 수도, 진로를 바꿀 수도 있었다.
이것을 그만둬야 하나? 다른 일을 알아봐야 하는 건 아닐까? 계속 기도
하고 물었다. 하지만 하나님의 No가 무조건적인 금지를 의미하는 것이
아닐 때가 있음을 알게 되었다. '정확히 알려주겠다'는 의미로 사용되기
도 한다. 하나님은 좁은 길을 더욱 좁히는 방법으로 나를 인도하셨다.

너희가 오른쪽으로 치우치든지 왼쪽으로 치우치든지 네 뒤에서 말소리
가 네 귀에 들려 이르기를 이것이 바른 길이니 너희는 이리로 가라 할 것
이며 [이사야 30:21]
Whether you turn to the right or to the left, your ears will hear a
voice behind you, saying, "This is the way; walk in it." [Isaiah 30:21]

하나님이
멈추라
하실 때:
첫 번째 이야기

분명 하나님이 열어주신 길이기에 당당하게 앞서 나갔는데 때로는 하나님이 그 길을 막아서실 때가 있다. 우리는 이것을 '실패' 혹은 '실수'라고 표현한다. 이럴 때는 나 자신이 무엇 하나 제대로 하지 못하는 사람이나 포기자처럼 느껴지기도 한다. 더욱 황당한 건 나는 정말 잘하고 있었는데, 그리고 아무 문제도 없다고 생각했는데 알 수 없는 이유로 길을 막으실 때다.

나는 로스쿨 입학을 하나님이 주신 기회라 생각했다. 모든 게 순조로웠다. 거주할 곳도 쉽게 구했고, 배려심 있는 친구 덕에 문제없이 학교생활을 잘 이어가고 있었다. 로스쿨 입학 후 나를 막을 만한 것은 없었다. 전혀 문제 될 것도 걸림돌도 없었다. 그냥 공부만 하면 되는 상황이었다. 이제서야 꿈과 목표를 향해 제대로 나아가는 것 같았다. 걱정했던 것과 달리 함께 공부하는 동기들도 매우 좋았고, 교수님들도 존경스러웠다. 작은 학교였기 때문에 수업이 끝날 때마다 더 적극적으로 교수님들을 찾아가 질문할 수 있었고, 로스쿨 입학을 위해 긴 시간을 투자한 만큼 최대한 내게 주어진 기회를 활용했다.

물론 현실적인 문턱에 걸리기도 했다. 아무래도 작은 로스쿨이다 보니 인턴 기회를 잡기가 쉽지 않았다. "유진아, 이번 서머 포지션(여름방학 동안 실무 경험 쌓는 기회) 지원했어? 나는 지원해도 연락이 없네." 함께 수업을 듣는 친구들과 흔하게 하는 이야기였다. 나도 그들과 다를 바 없었지만 항상 이렇게 대답했다. "나는 걱정 안 할 거야. 하나님이 정해주신 곳에서 하라는 대로 하면 될 거야!" 그만큼 내 믿음은 확고했다. 지난 몇 년 동안 주님과 동행하는 방법을 배웠기에, 길고 힘든 훈련을 거쳤기에 흔들리지 않았다. 무엇보다 이 로스쿨을 선택해주신 게 하나님이었으니 걱정할 것이 없었다. 순조롭게 공부하며 내 나름으로 신앙생활도 열심히 하고 있으니 더더욱 그랬다.

나는 항상 자신감이 넘쳤다. 어느 곳에 있든지 하나님이 미리 마련해 두신 길이 있을 것이라 믿었다. 하나님께서 허락해주신 학교에서 최고의 순간을 누리며 다음 단계를 기다리고 있었다.

준비해주신 장소와 상황 속에서 여러 경험을 쌓고, 좋은 기회도 얻을 수 있을 것이라 자신했다.

그런데 하나님께서 갑자기 'Stop!'을 외치셨다. 걷고 있던 길과 일상이 순식간에 정지했다. 계획했던 거의 모든 것들이 불가능해졌다. 로스쿨 1학년이 끝날 무렵 급하게 한국으로 귀국해야 했다. 도대체 왜? 알 길이 없었다. 애초부터 점수가 안 나왔을 때 로스쿨은 내 길이 아니었음을 깨달아야 했던 걸까? 이 길은 내 길이 아니라는 하나님의 꾸준한 음성을 내가 듣지 못한 걸까? 또 무슨 일인 걸까? 하나님이 기회를 회수하신 걸까? 아니면 뭔가 착오가 있었던 건가?

하고 싶은 일도, 해야 할 일도 많았다. 지금 학교를 그만두는 건 정말 말도 안 되는 일이었다. 하지만 방법이 전혀 없었다. 가족과 관련된 문제였기에 나 하나만 생각하며 로스쿨에 다닐 수 없었다.

"그래요. 역시 내 길이 아니었나 보네요. 이렇게 하나님이 확실하게 막아주시는 거네!"

마음속은 다시 서러움과 원망으로 가득 찼다.

"그럼 처음부터 가지 말라고 막아주셨어야죠! 왜 열심히 잘하고 있는 제 길을 막으시나요. 여태 투자한 시간들은 어떻게 하나요? 다 그만두고 한국에서 무슨 일을 해야 하는 거죠? 도대체 이게 몇 번째인가요!"

홧김에 한 말이 아니다. 진심으로 궁금했다. 지금 이곳에서 아무 문제가 없었는데…. 도무지 이유를 알 수 없었다. 차라리 내가 무언가 잘못한 게 있었다면, 원인이라도 알았다면 납득하기가 조금 더 수월했을 것이다. 어떤 사람은 무엇을 할지조차 몰라 매번 하나님께 구하기만 한다는데, 나는 항상 계획이 있었고 또 그 계획을 현실화할 수 있도록 누구보다 노력했다.

"얼마나 더 간절해야 합니까? 얼마나 더 노력해야 합니까? 얼마나 더 기도해야 합니까? 저 변호사 하고 싶다고요. 제가 변호사 되면 하나님 일 하겠다고요. 도움이 필요한 사람들을 위해 살겠다고요."

난 원하는 걸 얻기 힘들 때마다 '하나님 일'을 약속했다. 그래야 들어주실 것 같았다. 그렇게 해야 기도 내용도 뭔가 그럴싸해 보였다. '하나님 일을 하겠다는데 안 들어주실 이유가 없잖아?'라고 생각했다.

내 뜻대로 되지 않아도 내가 모르는 하나님의 뜻이 있을 것이라 생각했지만, 막상 이렇게 되니 하나님께 화가 났다. 동시에 의욕도 잃었다. 하나님의 'Stop'은 절망이었다. 실패였고 좌절이었다. 무엇을 잘못했는지 곱씹어보았다. 하지만 아무리 생각해도 알 수가 없었다. 그래서 내린 결론이 "그럼 하나님 마음대로 해보세요"였다. 어차피 내가 할 수 있는 건 아무것도 없으니, 그 어떤 상황에서도 하나님이 행하시는 대로 내버려 두자고 다짐했다.

✦

　언제 다시 돌아올지 모르는 상황에서 미국 생활을 정리하고 한국으로 귀국했다. 한국행 비행기 안에서까지 나는 기적이 일어나길 바랐다. 끝까지 미련을 버릴 수 없었다.

　"하나님, 제가 가고자 하는 길을 허락해주지 않으셨으니 뭔가 대안이 있어야 하지 않을까요? 미리 마련해 두신 길이 무엇인지 알아야 가든지 말든지 하죠. 지금 이 순간 겪어야 하는 이 좌절감은 저에게 전혀 도움이 되지 않습니다."

　하루에도 몇 번씩 하나님께 화냈다가 용서를 구했다가 다시 또 화를 냈다. 불안함 때문에 신앙적 중심이 마구 흔들렸다. 내가 원하던 길이 그렇게나 위험한 길이었을까? 그래서 하나님께서 나를 위해 허락하지 않으신 걸까? 끊임없이 묻고 또 물었다. 주변 사람들이 "왜 한국으로 돌아왔냐"고 할 때마다 하나님을 탓했다.

　"하나님이 막으셨어. 하나님이 허락해주시지 않은 거야. 내 길이 아니라고 하셨어. 그래서 어쩔 수 없었어." 하나님은 단 한 번도 "이 길은 네 길이 아니다"라고 하신 적이 없는데 제멋대로 해석한 것이다. 신앙이 없는 지인들은 뭔가 다른 이유가 있을 거라 생각했나 보다.

"아니, 진짜로 그거 말고. 왜 돌아온 건데?" 하나님 탓만 하는 내가 답답했는지 현실적으로 이해할 수 있는 설명을 구하는 지인들의 질문에도 나는 답을 할 수 없었다.

"내가 어떻게 아니? 진짜 나도 이유를 모르겠어. 그냥 계획대로 흘러가지 않았어. 가족 문제도 있었고, 금전적인 문제도 있었고. 정작 한국에 살고 싶어 할 때는 못 오더니 미국에서 마음잡고 공부하려니까 이러고…. 정말 나도 헷갈려 죽겠어. 내가 원하는 방향의 반대로만 이뤄지고 있어."

다시 한 번 이야기하지만, 나는 계획이 다 있었다. 나만 열심히 하면 되는 것들이었다. 하지만 하나님께서는 또 한 번 나의 계획과 무관한 설계도를 눈앞에 펼치셨다.

힘들고 어려웠기에 하나님을 더 많이 찾았다. 무서웠기에 하나님께 꼭
붙어 있었다. 잠시도 하나님 곁을 떠나지 않았다.

어쩌면 이것이 하나님의 계획이 아니었을까? '틀림없이 계획이 있으실
거야. 분명 이유가 있을 거야.' 생각하지 못한 어떤 상황이 와도 하나님
뜻에 맞는 합당한 이유와 원인이 있을 거라 믿는 게 진정한 믿음 아닐까.
나는 무작정 믿었다. 믿지 않는다 해서 다른 뾰족한 방법이 있는 것도 아
니었을뿐더러, 하나님 말고는 의지할 곳도 없었다.

내가 네게 명령한 것이 아니냐 강하고 담대하라 두려워하지 말며 놀라지
말라 네가 어디로 가든지 네 하나님 여호와가 너와 함께하느니라 하시니
라 [여호수아 1:9]

Have I not commanded you? Be strong and courageous. Do not
be afraid; do not be discouraged, for the LORD your God will be
with you wherever you go. [Joshua 1:9]

한국에 와서도 나는 늘 미국으로 다시 가 로스쿨을 마칠 수 있을 것이라는 희망 때문에 정상적인 생활을 할 수 없었다. (말도 안되는 핑계일지 몰라도) 일을 하다 갑자기 그만두면 회사에 피해를 줄 것이라는 생각에 취직도 못 했다. 처음에는 당연히 하나님의 'Stop'을 인정하지 않았다. 그냥 살다 보면 생기는 일시적 삐걱임이라 여겼다.

한국에 있는 동안 경력이나 쌓을까 싶어 적당한 일자리를 알아봤지만 대부분 정규직 채용이었다. 곧 미국으로 돌아갈 것이라 생각했기에, 단기 아르바이트 등 평소 경험하지 못한 여러 가지 일들을 해보며 하나님이 정해주신 때를 기다렸다. 6개월 계약직 영어강사를 하기도 했다. 전혀 부담이 없는 자리였다. 학교로 돌아가게 된다면 언제든지 회사에 피해를 주지 않고 그만둘 수 있었다.

일하는 건 문제 될 것이 없었다. 하지만 그때의 삶은 정말 행복하지 않았다. 그냥 시간만 낭비하는 것 같았다. 간절한 만큼 하나님께 구하는 것도 많아졌다. 수업이 없는 날은 물론 저녁 늦게 끝나는 날에도 기도방으로 향했다. 시간 가는 줄 모르고 기도했다. 밤낮으로 통곡하며 하나님을 찾는 게 일상이었다. 그러나 개인적인 문제는 끊이지 않았다. 외동딸이기에 가족이 어려운 시기에 더더욱 함께해야 함을 잘 알았다. 그렇다 해도 이렇게 내 삶에 브레이크가 걸릴 줄이야.

처음으로 계획조차 짤 수 없는 환경을 겪고 있었다. 한 치 앞도 안 보이는 불확실성 속에 그 어떤 목적도, 계획도, 꿈도 그릴 수 없었다. 마냥 하나님의 인도하심을 믿고 가만히 있어야 했다. 그렇다고 놀면서 잠만 자고 누워 있었다는 의미는 아니다. 법조인으로서의 꿈을 버리지 않은 채 국내 로펌 인턴십 프로그램을 통해 경력을 유지했고, 관심 분야에 대한 지식을 쌓기 위해 홀로 공부를 이어갔다. 물론 새벽 예배, 찬양 집회 등에 참석하며 하나님의 손도 놓지 않았다. 의무가 있는 건 아니었지만, 할 수 있는 건 최대한 해나가며 주어진 시간을 활용했다.

2년 정도의 시간이 흘렀다. 내가 휴학한 사이 친구들은 어느덧 2학년을 지나 3학년 졸업반이 되었다. 계속 학교에 다녔더라면 함께 졸업사진을 찍으며 즐거운 시간을 보냈겠지. 그 와중에 학교에서는 "휴학한 지 2년이 넘었기 때문에 학교로 복귀하기를 원하면 재지원을 해야 한다"고 통보해왔다. 자퇴 처리를 했다는 얘기다. 이건 또 무슨 소리인가? 학교로 돌아가기 위해서는 처음부터 모든 서류를 다시 준비하여 재지원을 해야 한다고? 정말 엎친 데 덮친 격이었다.

궁지에 몰린 난 결국 다른 학교로 편입을 신청해야 했다. 마지막 학기 성적도 받기 전에 한국으로 급히 귀국했던 터라 뒤늦게 성적표를 신청했다. 기대 이상으로 좋은 성적이었다. 더 아쉬웠다. 나머지 2년만 잘 마무리했다면 분명 훌륭한 변호사가 될 수 있었을 텐데.

성적표를 수령한 나는 애초부터 다니고 싶었던 에모리 로스쿨에 무작정 편입 신청을 해버렸다. 만에 하나 합격하면 바로 휴학해서 학교로 복귀할 수 있을 때까지 최대한 시간을 끌어보겠다는 내 나름의 계획이었다. 사실상 불가능한 계획이었다. 이제 와서 추측하건대, 그 성적표로 얼마큼 인정받을 수 있는지 확인해보고 싶어 편입 신청을 한 것 같다. 자퇴 처리를 하겠다는 학교 이메일에 마음이 다급해져 즉흥적으로 한 행동이었고, 다른 한편으로는 한없이 낮아진 자존감을 극복하기 위한 것이기도 했다. 무엇보다 합격도 확신할 수 없는 상황이었다.

그리고 한 달 뒤, 우편함에서 작은 편지 봉투를 발견했다. 과거에도 많이 받아본 로스쿨 지원 결과 통보서였다. 보통 작은 봉투는 '거절'을 뜻한다. 학교 브로슈어와 다양한 소개서가 동봉된 합격 봉투는 크기가 클 수밖에 없다. 봉투를 바로 쓰레기통에 던져버리려다가, '그래도 혹시…' 하는 마음에 열어보았다.

"에모리 로스쿨에 지원해주셔서 감사합니다. 당신의 합격을 축하합니다. 며칠 뒤에 학교 브로슈어와 소개서를 보내 드리도록 하겠습니다."

숨을 쉴 수 없을 정도로 놀랐다. 도무지 믿어지지 않아 담당자에게 직접 메일을 넣어 다시 한 번 합격 여부를 확인했다.

"네, 맞습니다. 김유진 님, 편입 합격하셨습니다. 축하합니다."

✦

합격증을 손에 쥔 채 무릎을 꿇었다.

"하나님, 도대체 뭐 하시는 건가요? 아직도 잘 모르겠습니다. 제가 무엇을 놓치고 있는 건지요."

하나님께서는 곧바로 이런 마음을 주셨다.

"너의 모든 기도를 내가 기억하고 있단다."

2년간 멈췄던 삶이 다시 속도를 냈다. 이해할 수 없는 일들이 갑작스럽게 길을 막았던 것처럼, 이해할 수 없는 일들이 길을 열기 시작했다. 당시에는 알 수 없었다. 내 시간을 멈추신 하나님의 의도를. 그보다 더욱 신기한 건 합격한 뒤 휴학을 신청하고 시간을 벌어보고자 했던 계획과 달리, 하나님은 그해에 즉시 나를 에모리 로스쿨로 보내셨다. 책을 쓰는 지금 이 순간까지도 어안이 벙벙할 정도로 놀라운 타이밍과 속도였다. '우리 인간은 하나님의 움직이심을 예측할 수가 없다'는 말로밖에는 표현이 되지 않는다. 몇 줄 글로 하나님의 계획을 설명할 수 있다면 오히려 그게 더 의심스러웠을 것이다.

여기서 잠시 이야기를 정리하고자 한다. '결국 내가 원하는 학교에 편입할 수 있었다!'로 결론지으려는 게 아니다.

결론보다는 과정에 한번 집중해보길 바란다. 세상 기준에 맞춰 타인에게 잘 보이기 위해 억지로 이뤄낸 일이 아니었다.

① 하나님과 함께하며 ② 하나님의 시간에 맞춰 ③ 하나님이 원하는 방법과 ④ 그가 계획한 과정을 통해 ⑤ 그의 뜻대로 행하는 것이 포인트가 되어야 한다. 이것이 주님과 동행하는 방법이었던 것이다.

세상이 정해준 기준에서 동떨어져 보여도, 내가 원하는 학교에 가지 못해도 나는 그것을 '실패'라 생각하지 않았다. 그 모든 상황의 이면에 틀림없이 하나님의 목적이 있으리라 꿋꿋이 믿었다. 애초에 하나님께서 내가 원하는 시간에 내가 원하는 방식으로 결과를 주시진 않았어도, 멈춰 선 채 아무 희망도 꿈도 보이지 않던 2년의 시간 동안 나는 마냥 하나님이 허락하신 타이밍을 기다렸다. 당시에는 그 시간이 너무 길다고, 너무 지체되고 있다고 생각했다. 하지만 하나님의 계획 안에서는 결코 지체가 아니었다. 하나님만이 알고 계신, 내게 가장 적합한 시간이었다.

갑작스럽게 한국으로 귀국해야 했던 그 기간 동안 하나님께서 계획하신 일이 무엇이었는지 지금도 잘 모르는 것들이 많다. 그저 믿음 하나로 버텼다. 내가 알지 못하는 이유와 방법으로 삶에 개입하시는 것이라 믿었다.

이런 나의 경험과 같이 "하나님의 의도를 모르겠어요"라고 말하는 독자들에게 꼭 하고 싶은 말이 있다. 하나님의 계획을 우리가 일일이 이해하거나 인식하지 못한다 할지라도 그분은 끊임없이 움직이고 계신다. 우리가 굳이 알려 할 필요가 없다는 것이다. 날 위해 일하고 계신다는 믿음 하나만으로 충분하다.

2년의 시간 동안 많은 일들이 있었다. 그러나 그 모든 일들은 앞만 보고 정신없이 달리던 나를 잠시 멈춰 세우기 위한 하나님의 장치였다. 하나님은 내 손을 잡고 천천히 산책하듯 동행하셨다. 조금 더 천천히 걷는 법을 알려주셨다. 많고 많은 문제들을 하나씩 풀어가며 하나님의 움직이심을 기다릴 수 있게 하셨다. 때때로 하나님은 우리가 무언가를 행하는 것보다 가만히 하나님 곁에 머물길 바라신다.

멈춰 있던 동안에도 내가 알지 못하는 방법으로 하나님께 쓰임 받았을 것이라 믿는다. 알지 못하는 다른 누군가를 위해, 알지 못하는 상황에 나를 놓아 사용하셨을 수도 있다. 우리가 깨닫지 못한다고 해서, 알지 못한다고 해서 하나님이 일하시지 않는 건 아니다.

'Stop'의 시간 동안 나는 무엇을 했는지 묻는다면, 하나님과 시간을 보내면서 정해 두신 때를 기다렸다고 답할 것이다. 훈련의 시간을 보냈다고, 하나님께 쓰임을 받았다고 자신 있게 말할 것이다. 물론 세상 기준으로 보면 좀 늦고 뒤처진 것일 수도 있다. 하지만 나한테는 뒤처지지도 앞서지도 않은, 하나님께서 정해주신 최고의 타이밍이다.

이 시간에 얻은 가장 큰 깨달음은 바로 '믿음에 대한 태도'다. 어떤 상황이라 할지라도 그에 맞는 합당한 이유와 원인이 있으리라 믿는 것이다. 하나님께서 하나하나 그분의 일을 설명해주지 않아도, 그냥 꿋꿋이 믿고 기다리는 것이다. 이를 깨닫게 하시려고 하나님 계획을 믿고 기다리는 것 외에 다른 것은 할 수 없도록 하셨다. 사실 앞서도 이야기했지만, 기다리는 동안은 참 많이 힘들었다. 하나님의 뜻을 진작에 알았더라면 그 시간을 좀 더 즐기는 마음으로 보냈을 텐데.

뒤처지는 느낌이 들 때마다, 아무 발전과 성장이 없다는 생각이 들 때마다, 내가 지금 하나님과 동행하고 있음을 떠올렸다. 그리고 기도했다. 하나님은 내 기도를 단 한순간도 허투루 팽개치지 않으셨다. 끝까지 인내하고 기다릴 수 있었던 건 하나님께 드린 기도와 말씀 덕분이었다. 기다려야 하는 상황일수록 더더욱 기도하고 구해야 한다. 기다림을 버텨낼 수 있는 끈기를 주실 것이다. 지금 멈춰 있다면, 망하거나 실패한 것이 아니다. 하나님의 계획 안에서 잠시 'Stop'을 받았을 뿐이다.

여호와의 말씀이니라 너희를 향한 나의 생각을 내가 아나니 평안이요 재앙이 아니니라 너희에게 미래와 희망을 주는 것이니라 [예레미야 29:11]
"For I know the plans I have for you", declares the LORD, "plans to prosper you and not to harm you, plans to give you hope and a future." [Jeremiah 29:11]

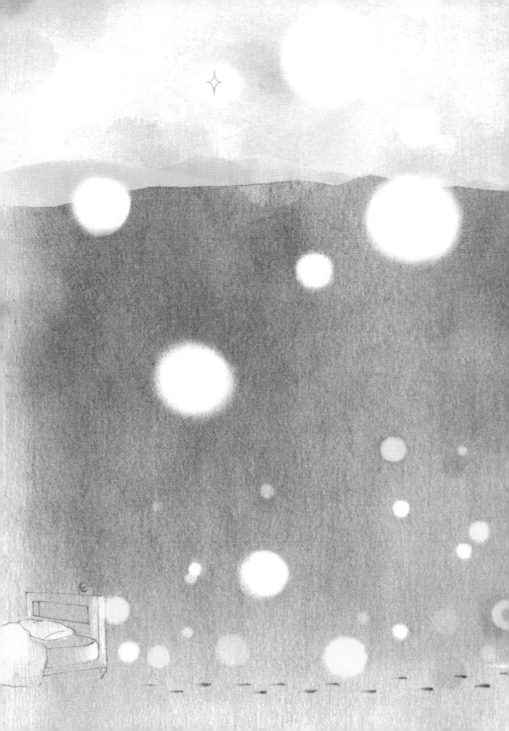

PART 5.

나와 같은 고민을 하고 있는
당신에게

다시 우리의 힘듦에 대해, 그리고 그것을 하나님께 온전히 맡기는 방법에 대해 이야기하려 한다. 우리는 완벽하지 않기에, 각자 무거운 짐을 짊어진 채 살아갈 수밖에 없다. 끊임없이 하나님께 맡기고 비워내도 세상을 살아가다 보면 또 헐떡이게 되기 마련이다. 걱정과 염려는 하나님이 주신 감정이 아니라는데, 우리의 내일은 왜 이리 팍팍하고 힘들어 보일까. 험난한 광야를 거쳐 결과적으로는 하나님이 계획하신 그곳에 도착할 텐데, 왜 우린 그 사실을 온전히 믿지 못한 채 울고 있을까.

오늘을 살아내고 내일에 대비하는 방법은 오직 하나다. 하나님께 모든 걸 온전히 맡기는 것이다. 이번 장에는 이를 위한 마음가짐과 방법을 담아보았다.

함께 들으면 좋은 찬양

"여호와께 엎드려 나 내 주님께 기도하면 그는 날 안고 등을 다독여
나의 눈물을 거두어주시네." 〈다 듣고 계신 나의 주님께〉 中, 나비워십

"귀하고 아름다운 나의 사랑아, 나의 모든 마음을 너에게 준다.
무엇보다 소중한 나의 사랑아, 나의 모든 정성을 너에게 준다. 나의 기쁨아,
나의 사랑아, 나는 언제나 너를 선택한다. 어떤 이가 세상을 다 준다 해도,
나는 언제나 너를 선택한다. 내 모든 것을 포기해야 한대도, 나는 너를 선택한다."

〈너를 선택한다〉 中, 김상진

방황의
쓸모

　얼마 전 동료들과 점심을 먹다가 '살면서 하나님과 가장 가까웠을 때' 이야기를 공유하게 되었다.

　"고시 볼 때 너무 떨려서 문제도 제대로 못 풀고 있었는데요. 전날 밤 우연히 듣게 된 하나님 말씀이 생각났어요. 다윗과 골리앗다 아시죠? 다윗이 골리앗과 싸우는 순간에 두려워했다면 틀림없이 싸움에서 졌을 것이라는 말씀이었어요. 갑자기 두려움이 사라지더라고요. 근데 요즘엔 또 하나님 말씀을 묵상하는 게 소홀해졌네요."

　"저는 몸이 안 좋던 시절이 있었는데 그때 새벽 기도로 하나님께 매달렸어요. 근데 이제 좀 살 만하니까⋯. 자연스럽게 신앙생활이 미지근해졌달까."

"저도 그래요. 힘들 때는 그렇게 기도하고 하나님을 찾았는데 이제는 교회도 잘 안 나가요. 기독교인이라 하기도 민망하네요."

나도 마찬가지다. 성령 충만해 하나님을 찾고 말씀 중심으로 열심히 신앙생활을 하던 때도 있었고, 하나님과 멀어져 방황의 시간을 보내던 때도 있었다. 심지어 하나님을 원망하고, 더는 믿지 않겠다며 신앙과 관련된 모든 생활을 차단한 적도 있었다. 마치 사춘기를 겪듯 방황하면서도 한편으로는 '어쨌든 하나님은 나와 함께 계셔' 하며 위안 삼았다. 바쁜 일상 때문에, 때로는 특별한 이유도 없이 '그냥' 하나님과 멀어지는 경우도 있었다.

길 잃은 양처럼 온 데를 헤매고 다녔다. 사실 몰래 도망 다닌 거나 마찬가지였다. 하나님이 나를 찾고 계신다는 걸 명백히 알면서도 마음대로 돌아다녔다. 그러다 결국 길을 잃어 초라하게 앉아 있는 내게 하나님은 매번 찾아오셨다.

"하나님, 돌아가도 괜찮은 건가요? 한두 번 이러는 것도 아닌데, 또 똑같은 실수를 반복하면 어쩌죠?"

분명 하나님을 멀리했는데, 나 혼자 잘할 수 있다며 방황했는데, 다시 하나님 곁으로 돌아갈 수 있을까? 왜 하나님은 이런 방황의 시간을 허락하시는 걸까? 하나님과 멀어지면서 나는 순간적인 즐거움을 느꼈다. 내 마음대로 할 수 있는 자유를 얻는다는 것은 참 달콤하다. 이 세상이 주는 선물만으로도 충분히 살아갈 수 있을 것 같고 평생 행복할 것만 같다. 점점 기도와 예배를 드리는 횟수가 적어진다. 그렇게 일상에서 하나님을 완전히 배제하고 나면, 세상이 준 선물이 본색을 드러내기 시작한다.

'분명 행복했는데, 분명 즐거웠는데, 분명 완벽했는데, 앞으로도 이렇게만 생활하면 아무 문제가 없을 것 같았는데…' 어느새 세상적 즐거움과 행복의 유통기한이 지나 군내를 풍긴다. 슬프고 힘든 일들은 예나 지금이나 다름없이 시시때때로 나를 괴롭힌다. 뭔가 좀 아니다 싶은 생각이 들자 그제서야 그동안 묵묵히 내 뒤를 따라오시던 하나님께 눈을 돌린다. 다시 또 '날 책임지시라'며 떼를 쓰고, 울부짖으며 용서를 구하기도 하면서 하나님 옷깃을 꼭 붙잡는다.

그런데 이 사이클Cycle이 정말 신기하다. 생각해보자. 우리에게 더 좋은 것이 주어져 그 기회를 붙잡고 따라갔다면 그것에 만족해야 하는 게 옳지 않은가? 하지만 하나님을 잊어버린 상태에서의 세상적 만족은 결코 오래가지 못한다. 매번 그렇다. 온 힘 다해 즐기고 누려도 딱 그때뿐이다. 참 공허하다. 결국 하나님의 사랑보다 더 좋은 건 없다는 결론을 떠올리게 된다.

하나님은 알고 계셨다. 우리의 모든 방황을. 그럼에도 자유를 주신다. 방황의 시간을 통해 배우는 것이 있다. 하나님의 사랑 없이 느끼는 만족감은 일시적이라는 사실이다.

하나님은 왜 군이 우리에게 자유를 주셔서 이런 방황을 하도록 내버려 두실까? 사이클의 효과를 너무나 잘 알고 계시기 때문이다. 때때로 우리에게 옳지 않은 일까지도 마음대로 하도록 허락하시는 이유는, 결국 혼자 실컷 즐기다가 힘들거나 외로워지면 틀림없이 하나님을 찾을 걸 알고 계시기 때문이다. 더욱 절박하게 말이다. 참으로 은혜로운 건, 하나님께서는 결코 "너는 이미 늦었다"고 하시지 않는다는 것이다. 언제나 이런 우리의 모습을 안아주시고 품어주신다. 하나님의 사랑처럼 영원한 것은 없다.

나는 여러 번 이 사이클을 반복했다. 그렇다고 하나님의 용서를 당연하게 여기거나, '언제든지 돌아갈 수 있으니 내 마음대로 방만하게 살 거야!'라고 생각했던 건 아니다. 살다 보면 어느 순간 하나님과 멀어져 있었다. 설명이 될지 모르겠지만, 갑자기 넋을 잃은 채로 아무 생각 없이 멍해질 때와 비슷하다. 하나님과 시간을 보내지 않거나 말씀을 멀리하면 삶 자체가 멍해진다. 그러다 정신을 차려보면 어느새 내가 길 잃은 양이 되어 있음을 깨닫는다.

그래서 성경을 통해 거듭 말씀하셨나 보다. 하나님께 집중하라고. 하나님이 나를 온전히 사랑하시는 분임을 믿는 마음도 중요하고, 하나님만이 진정한 평온을 주실 수 있음을 믿는 것도 중요하며, 예수님께서 나를 위해 십자가에 못 박혀 돌아가셨음을 믿는 것도 중요하지만, 이런 마음을 유지하기 위해선 의식적으로 집중해야 한다.

하나님께서 방황의 시간을 허락하지 않으셨다면, 이 세상에서 얻을 수 있는 것들이 매우 일시적임을 깨우치지 못했을 것이다. 하나님의 사랑이 얼마나 소중하고 필요한 것인지 알지 못했을 것이다.

만약 지금 방황하고 있다면 얼른 다시 집중해보기 바란다. 하나님이 주신 사랑에 집중하는 시간을 가져보자. 하나님에 대한 사랑이 깊어지는 계기가 될 수 있다. 물론 또다시 방황하게 될 것이다. 그럼 다시 정신 차리고 하나님께 집중하면 된다. '집중'이 포인트다. 사이클이 반복되다 보면 점점 방황하는 횟수가 줄어든다. 방황을 하더라도 하나님 안에서 하게 된다.

나는 우리가 '그냥' 만들어졌다고 보지 않는다. 생각해보자. 하나님께서 이 세상을 만드시는 데 6일이 걸렸지만, 나를 만드시는 데는 더 긴 시간이 필요하다고 판단하셨다. 수개월이라는 시간을 들여 나를 만들어가시는 과정 속에서 하나님은 내 인생 전체를 펼쳐놓고 계획하신다.

주께서 내 내장을 지으시며 나의 모태에서 나를 만드셨나이다 내가 주께 감사하옴은 나를 지으심이 심히 기묘하심이라 주께서 하시는 일이 기이함을 내 영혼이 잘 아나이다 내가 은밀한 데서 지음을 받고 땅의 깊은 곳에서 기이하게 지음을 받은 때에 나의 형체가 주의 앞에 숨겨지지 못하였나이다 내 형질이 이루어지기 전에 주의 눈이 보셨으며 나를 위하여 정한 날이 하루도 되기 전에 주의 책에 다 기록이 되었나이다 하나님이여 주의 생각이 내게 어찌 그리 보배로우신지요 그 수가 어찌 그리 많은지요 [시편 139:13-17]

For you created my inmost being; you knit me together in my mother's womb. I praise you because I am fearfully and wonderfully made; your works are wonderful, I know that full well. My frame was not hidden from you when I was made in the secret place, when I was woven together in the depths of the earth. Your eyes saw my unformed body; all the days ordained for me were written in your book before one of them came to be. How precious to me are your thoughts, God! How vast is the sum of them! [Psalm 139:13-17]

외면이
아닌
내면을
치료하실 때

하나님께서 삶에 개입하실 때, 우리 내외면의 고통을 통해 움직이시는 경우가 있다. 남들의 시선에는 겉으로 비춰지는 내 모습이 몹시 안쓰럽고, 불쌍하고, 하찮게 보일지라도 하나님 기준에서는 전혀 그렇지 않다. 하지만 우리는 겉으로 보이는 모습이 어떤지에 따라, 다른 사람들이 우리를 어떻게 보는지에 따라 자신이 서 있는 위치를 확인하고 그 기준에 맞춰 가치를 설정한다.

나는 성장하면서 나 자신이 부끄러울 때가 많았다. 예쁘다는 보편적 기준에서 벗어나는 외모에, 처음에는 영어도 제대로 못하고 또래보다 왜소한 체격 때문에 매번 팀 선발 때마다 항상 마지막으로 남는 아이였다. 학교에서는 친구들과 친해지고 싶어 했던 행동이 웃음거리가 된 적도 많다. 그들이 보는 나는 바보 같고, 약하고, 무얼 하든 어설픈 아이였다. 모두가 친구들이나 가족들과 함께하는 시간에 외톨이가 되어 외로움과 싸워야 했다. 같이 공부한 친구들이 시험을 한 번에 패스하는 동안 나는 뒤처지고 좌절했다. 패션 센스는 또 왜 이리 떨어지는지, 꾸미는 데 정말 소질이 없었다.

이 모든 이유들 때문에 나를 '초라한 존재'로 인식했다. 혼자서 스스로 응원한다고 해결될 문제가 아니었다. 나를 향한 사람들의 행동, 생각과 말들이 초라함을 재확인해주었고 더욱 비참하게 만들었다.

하지만 시간이 지나고 알게 된 사실이 있다. 그런 하찮은 모습의 이면에서 난 끊임없이 그리고 조금씩 내면을 성장시켜나갔고, 그 배경에는 하나님의 보호하심이 있었다는 것이다. 티 나지 않게 조용히 은밀하게 하나님의 손길이 닿아 있었다.

성경에서도 여러 번 강조된 말씀이 있다.

"…내가 보는 것은 사람과 같지 아니하니 사람은 외모를 보거니와 나 여호와는 중심을 보느니라 하시더라"[사무엘상 16:7]

하나님은 우리의 내면과 영혼이 어떤지에 더 큰 관심이 있으시기 때문에, 사람들 눈에 보이는 내 모습은 별로 중요하지 않다는 것이다.

잘 생각해보자. 이 세상에서 인정받으려면 무엇이 필요할까? 많은 재산, 높은 연봉, 좋은 학벌, 안정적인 직장, 사람들의 평가, 유한 성격, 아름다운 외모 등이 있을 것이다. 하지만 이 중에서 하나님의 구원을 얻기 위해, 하나님의 사랑을 받기 위해, 하나님께 인정받기 위해, 하나님과 동행할 수 있는 기회를 얻기 위해 필요한 조건은 단 하나도 없다. 이 모든 것들이 하나님께는 전혀 중요하지 않다.

지금까지 살면서 가장 후회되는 실수는 초라한 외적 모습 때문에 하나님의 사랑까지 의심했던 것이다. 거울 속 나의 비참함 때문에, 주변 사람들이 인정해주지 않는 모습 때문에 신앙이 흔들린 경우가 많았다. 자신을 터무니없이 부족하다고 느꼈다. 그래서 방황의 시간이 더 자주 찾아왔고, 이런 초라함을 숨기며 내 어쭙잖은 정체성을 드러내기 위해 화려하게 꾸미기도 했다. 정작 "그런 건 중요하지 않다"고 하셨던 하나님 말씀은 안중에도 없었다.

그러나 알고 보니 이때가 하나님이 가장 가깝게 계실 때였다. 당장 보이지 않아도, 손길이 명확히 느껴지지 않아도 하나님께서는 삶에 개입하고 계셨다. 내게 필요한 건 외적으로 보이지 않는 것들이었다. 누군가에게 보일 필요가 전혀 없는 나의 내면. 하나님의 치유는 속에서부터 이루어졌다.

이 사실을 알게 된 후, 다른 사람들에게 잘 보이려 고민하던 시간에 하나님께 더 집중했다. 내 영혼이 온전히 하나님께 집중할 수 있도록 중심을 잡으려 노력했다. 그러다 보니 자연스럽게 다른 사람이 나를 어떻게 평가하는지는 중요치 않아졌다. 내가 그토록 신경 쓰던 남들이 알지 못하는 하나님의 손길을 더 신뢰했다. 그들의 인정보다 하나님의 칭찬이 더 좋았기 때문이다.

신경 쓰지 않아도 될 것들에는 용기 있게 눈을 감아보자. 지금 자신이 초라하다고 느끼거나, 다른 사람들의 시선이 두렵다면 더더욱 하나님께 집중해야 한다. 우리의 겉모습과 무관하게 하나님은 우리 바로 옆에서 동행하시며 항상 기도를 듣고 계신다. 복음을 통해 우리를 향한 사랑을 이미 증명하셨다. "네가 지금 보잘것없고 초라하니, 조금 더 성공하면 함께하겠다"고 하시지 않는다. "너는 아직 시험도 붙지 못하고, 연봉도 낮고, 부족한 것이 많으니 나중에 복을 줄 것이다"라고 하시지 않는다는 것이다. 그러니 기죽을 필요가 없다. 우리 영혼이 지금 어떻게 훈련받고 있는지, 하나님께서 어떤 방법으로 은밀하게 삶에 개입해 움직이고 계시는지 여쭙고 응답을 구해보자.

하나님은
나의
'빽'

"이 로펌에 당신을 추천해줄 사람이 있다면 기재하시오."

한창 취직 준비를 할 때 내가 가장 무서워하는 질문이었다. 지원한 회사에 아는 사람이나 나를 추천할 만한 유력인이 있으면 합격에 큰 도움이 될 수 있다. 하지만 난 내세울 사람이 없었다.

"누구 아빠는 로펌 파트너 변호사래."

"누구의 사촌오빠는 어디 기업 상무래. 그래서 아는 변호사한테 부탁해서 취업했다던데?"

동기들끼리 모여 앉아서 자주 하는 이야기다.

"나는 취업 크게 신경 안 써. 정 안 되면 친척 누나한테 지인 소개해달라고 하지 뭐."

당당하게 말하는 친구도 있었다.

"친척 누나가 아는 분이 많으셔?"

"응. 지금 로펌 파트너거든. 같은 로펌 입사하면 낙하산인 것 티 나니까 주변에 소개해달라고 해야지."

모두들 자기만의 '빽Back Up'이 있었다. 실력과 무관하게 누구를 아느냐에 따라 취업 성공률이 달라지고, 인맥이 없으면 두세 배 의 노력이 필요한 게 어쩔 수 없는 현실이었다. 사실 이런 네트워 킹이 불법도 아니고, 특히 미국에서는 지인 소개로 인재를 영입 하는 일이 흔했다. 타인에게 추천받는 것 자체를 실력으로 인정 하는 분위기이기도 했다.

하지만 나는 빽이 없었다. 성적이 월등한 것도 아니었고, 그렇 다고 모두가 좋아할 만한 카리스마나 성격을 지니고 있지도 않았 다. 다양한 세미나와 유명인사들과의 조찬에 참석해 내 나름으로 인맥을 쌓아보기도 했지만, 그 사람이 나를 어떻게 생각하고 있 는지 모르니 당당히 그들의 이름을 기재할 자신이 없었다.

그러다 보니 취업을 준비하면서 다른 친구들과 차별화된 나만 의 방법으로 어필해 길을 뚫어야 했다. 이 과정은 순탄치 않았다. 같은 상황에 있다가도 누군가의 빽으로 손쉽게 위기를 극복하는 주변 동기들을 보면서 점점 자괴감에 빠졌다. 갈수록 더 마음이 급해졌다.

열심히 한다고 했는데 계획대로 되는 일이 없었다. "괜찮아. 할 수 있어!"라고 외치며 마음을 다잡았지만, 거의 매주 벌어지는 친구들의 취업 성공 축하파티에 나는 게스트로 참석하고 있었다. 동기들이 하나둘 각자만의 새로운 문을 여는 데 성공할 때마다 내가 열 수 있는 문은 줄어들었다. 한정된 취업 시장에서 지원할 만한 곳이 점점 없어졌다. 불안한 마음에 진로상담사를 찾아가 도움을 청한 것도 여러 번이었지만, 매번 "어려울 것"이라는 말만 반복해 들어야 했다.

하나님이 이끄시는 길은 늘 이렇게 시작되는 것 같다. 사람들이 모두 "안 된다, 못 한다, 할 수 없다, 불가능하다"고 할 때, 나조차도 더 할 수 있는 게 없다고 느낄 때, 아무도 알아주지 않는 좌절감과 실망감에 홀로 남겨질 때…. 이 책에서도 이미 거듭 언급했지만, 하나님이 세우신 나를 향한 계획은 견디기 힘든 고통과 슬픔 속에서 시작하는 경우가 많았다.

솔직히 그런 상황에 놓이지 않았다면 나는 가장 편하고 행복하고 즐거운 자리에서 움직이지 않았을 것이다. 지금의 삶도 편안하고 안전한데 괜히 새로운 도전을 했다가 도리어 나쁜 결과를 불러올지도 모르고, 무엇보다 새로운 길로 가야 할 이유 자체가 딱히 없기 때문이다. 편안하고 문제없는 일상 중에는 하나님의 부르심이 잘 들리지 않을뿐더러 하나님 말씀을 군이 들어야 한다는 생각도 들지 않기 마련이다.

여기서 부인할 수 없는 사실이 하나 있다. 감당하기 어려운 시간을 경험하면 우리의 태도가 달라진다는 것이다. 태도뿐이 아니다. 생각과 마음가짐도 달라진다. 이런 상황이 되어서야 우리는 하나님을 찾고 매달린다. 그리고 하나님의 보호하심과 인도하심을 위해 기도하기 시작한다. 이전과는 완전히 다른 내용으로 기도하고, 새로운 가치관과 시선으로 세상을 마주하게 된다.

나 역시 그랬다. 힘든 시간은 하나님과 동행하기 위한 새로운 기점이 되었다. 이를 시작으로 하나님과 함께 내 삶의 또 다른 챕터를 완성해갔다. 그렇게 하나님의 움직이심에 순종하는 태도를 배우고 익힌 것이다.

하나님께서는 매번 내 마음을 사로잡을 만한 어떤 계기를 통해 하나님을 찾게 하셨다. 그렇다고 때마다 내가 원하지 않은 일들을 일부러 만드신 건 아니다. 대부분 이 세상이 만들어낸 기준과 내게 주어진 자유의지가 뭉쳐 생긴 상황들이었다. 언제나 선택권은 나한테 있었다.

✦

"다른 친구들은 다 하나씩 취업에 성공하는데, 저는 제자리를 찾지 못한 채 헤매고 있습니다. 모두가 안 될 거라고, 포기하라고 합니다. 그들의 말이 아닌 하나님의 인도하심을 구합니다."

최선을 다했지만 잘 안된다는 생각이 들 때면 이런 기도를 했다. 하나님의 인도하심을 진심으로 구하면 어김없이 성령께서 임하여, 새로운 도전의식과 이를 실천할 수 있는 용기를 부어주셨다.

기도를 하다가 문득 '그래, 안 되더라도 지원해보자. 회사 차원에서 접근하면 지원자가 워낙 많아 내 이력서를 보기 힘들 수도 있으니, 개인 이메일로 전달해봐야겠다'는 생각이 들었다. 평소 한 번도 떠올리지 못한 방법이었다. 오히려 실패할 확률이 더 높을 것 같기도 했다. 이 계획을 이야기하면 다들 말리곤 했다. "그러다 이미지 나빠지면 어떻게 해? 바보 같아 보이잖아. 회신도 안 해줄걸?" 모두가 비웃었다. 하지만 성령께서 용기를 주셨다. 나는 하나님이 주신 이 방법으로 여러 문을 두드려보았다.

함께 일하길 희망했던 변호사들의 개인 이메일로 짧은 편지와 이력서를 보냈다. 그 결과 예상치 못한 문이 열리기 시작했다. 이력서를 받아본 변호사 중 한 분이 로펌을 떠나게 되었는데, 함께 일하자는 제안을 해온 것이다.

만일 기도하지 않았다면 이 방법을 떠올릴 수 있었을까? 소심하고 겁 많은 내가 모르는 사람들에게 연락을 시도하고 서슴없이 다가갈 수 있었을까? 내가 열심히 한다고 해서 될 수 있는 일이 아니었다. 100% 하나님이 주신 지혜와 용기였다. 나는 이것을 기도로 얻었다. 다르게 해석할 여지가 없었다.

내게 없는 능력, 부족하다고 생각하는 부분을 고백하며 인도하심을 구하지 않았다면, 그저 세상이 불공평하다는 생각에 갇혀 분노하고 슬퍼하기만 했을 것이다. '빽'을 만들기 위해 사람들에게 의지했다면, 하나님과 가까워질 수 없었을 것이다.

하나님께서는 마음속에 용기를 부어주시는 방법을 통해 내가 보지 못하는 길로 인도해주셨다. 많은 사람들이 묻는다. "어떻게 그런 용기가 생겼어요?" 단지 하나님께 구했을 뿐이다. 기도 때문에 평소에는 떠올리지도 못한 방법을 생각해내고, 이를 실행할 용기가 생긴 것이다.

만약 지금 자신에게 부족하다고 느끼는 부분이 있거나 자기 능력으로는 감당치 못할 상황에 있다면 곧장 기도부터 해보자. 하나님께 구하고 성령님의 움직임을 경험해보자. 간절히 기도하다가 어느 순간 마음속 울림과 함께 새 길이 보인다면, 과감히 하나님이 이끄시는 길이라 믿어보자. 우리는 최고의 '빽'을 갖고 있다.

바로 주 예수 그리스도, 하나님 말이다.

평범한
일상 속에서
만나는
하나님

나는 어렸을 때부터 주변에 많은 크리스천이 있었기에 다양한 사람들의 간증을 듣고 자랐다. 그분들의 영화 같은 스토리를 들으며 '우와, 하나님이 정말 저분을 사랑하시나 보다!' 생각하곤 했다. 그래서 하나님이 어려운 사람들이나 큰일을 겪은 사람들과 더욱 함께하신다고 믿었다. 나 역시 하나님의 일을 하려면, 어떤 큰 사건이 있어야 한다고 여겼다.

하지만 전혀 그렇지 않았다. 하나님과 동행하기 위해, 하나님께 쓰임을 받기 위해, 하나님의 사랑을 얻기 위해 어떤 대단한 사건이 있어야 하는 것은 아니었다. 물론 평범한 일상 속에서 세상이 주는 선물에 정신이 팔려 하나님의 임재하심을 놓치기 십상이다.

하지만 하나님과 가장 가깝게 지낼 수 있는 시간은 지금 우리가 숨 쉬고 있는 바로 이 시간이다. 이 책을 읽는 순간에도 당신은 하나님과 동행하고 있다.

평범한 일상을 보내면서도 하나님께 집중하면 하나님의 일을 할 수 있는 것은 물론 특별한 관계를 맺을 수 있다. 내가 하나님을 만나고 동행하고 의지하고 믿고 말씀을 따를 수 있었던 것은 엄청난 계기가 있어서가 아니다. 내가 하나님을 알게 된 건 평범한 일상에서 홀로 남겨진 시간 중이었다. 아무도 없는 곳에서 홀로 삶을 돌아볼 때였다. 아무리 오랜 시간 교회를 다니고, 오랜 시간 기도하고, 많은 사람들이 나를 위해 기도해주어도 스스로 하나님께 집중하는 시간을 소중하게 여기지 않으면 의미가 없다.

나는 평범하고 쳇바퀴 같은 일상 속에서 행복과 즐거움을 찾는 것을 좋아한다. 예상치 못한 변동사항 없이 매일 같은 시간에 세운 계획을 실천해나가고 스케줄대로 하루를 사는 것에 큰 성취감과 안정감을 느낀다. 그리고 이런 루틴 안에서 하나님과의 시간을 고정한다. 최우선순위로 이른 새벽 시간을 정해놓고, 온전히 하나님께 집중한다. 온전히 나 자신을 위한 시간이기도 하다. 아무리 노력해도 내 마음대로 되지 않는 이 세상에서 하나님 품에 안겨야 안정을 취할 수 있기 때문이다.

평범한 일상에서 주님과 가까워지는 또 다른 방법이 있다. 일상생활 중 작고 소소한 일에서 하나님의 움직이심을 인지하는 것이다. 그럴 때 있지 않은가? 어딜 가나 평소 관심 가던 것만 보게 되는. 너무 갖고 싶은 신발이 있다면 어딜 가나 그 신발만 눈에 밟히기 마련이다. 하나님을 인지하는 방법도 마찬가지다. 주일에 예배드렸으니, 오늘 아침에 기도드렸으니 끝이 아니라 하루를 보내면서 하나님이 주신 모든 것들에 감사하고 내게 주어진 일과 인간관계 등을 통해 하나님의 움직이심을 살피는 것이다.

주어진 의무, 내가 할 수 없는 일, 예상치 못한 누군가의 발언, 우연히 알게 된 사람, 누군가를 도와줄 수 있는 기회 등을 통해 하나님의 임재를 인지한다. 그러다 보면 비록 겉으로 볼 때는 평범하고 쳇바퀴 같은 일상을 보내는 것 같아도, 모든 순간이 얼마나 특별하고 소중한지 지속적으로 깨닫게 된다.

실제로 주변 사람들이 항상 하는 이야기가 있다. "유진이는 정말 즐겁게 산다", "변호사님은 뭐가 그렇게 즐거워요?" 나는 매 순간 하나님이 내게 주신 것들에 감사하고, 그의 움직임을 궁금해한다. 매 순간 기대하며 사는 것이다. 이 책을 읽고 있는 독자들도 오늘부터 한번 시도해보길 바란다. 어두웠던 시야가 확 밝아질 것이다.

　외로움이 없었더라면 과연 내가 하나님의 사랑을 이렇게까지 갈구할 수 있었을까? 어쩌면 우리 모두가 느끼는 이 외로움은 부정적 감정이 아닌 하나님의 사랑이 필요하다는 신호가 아닐까? 외로움을 통해 하나님과 더 가까워질 수 있도록 모든 사람들에게 심어주신 감정 아닐까?

　나는 외로움과 두려움이라는 약점이 있었다. 우리 모두가 외로움과 두려움이라는 감정을 필연적으로 안고 산다는 것 자체가 하나님의 계획일지 모른다. 더 많은 사람을 안다고 해서, 더 많은 인간관계를 맺는다고 해서, 더 많은 공동체에 가입해 더 많은 활동을 한다고 해서 외로움은 없어지지 않는다. 수십 년 동안 외로움을 해소하려고 여러 방법을 시도해보았지만, 진짜 도움이 되는 건 하나도 없다는 사실을 배웠다. 두려움도 마찬가지다. 두려움과 불안을 극복하려고 다양한 도전을 해보았다. 몸이 적응하거나 익숙해지면 두려움이 없어질 것이라 생각했지만, 한순간의 미봉책일 뿐 근본적으로 사라지는 것은 아니었다.

결국 이 외로움, 두려움, 불안감을 안고 하나님을 찾아야 했다. 새벽 시간에 졸음을 쫓아낸 것 역시 외로움과 두려움이었다. 그런 감정이 없었더라면 새벽 일찍 이모를 따라 새벽 기도에 갈 수 있었을까? 아마 그냥 따뜻한 침대에서 마음 편히 잠을 청했을 것이다. 외로움과 두려움이 없었더라면 하나님을 찾았을까? 아니다. 그냥 살아지는 대로 살았을 것이다. 그래서 외로움과 두려움이 느껴지면 하나님께 더욱 집중해야 한다는 신호로 정의하게 되었다.

교회를 매주 나간다고 해서, 성경을 많이 읽는다고 해서, 기도를 많이 한다고 해서 외로움이 없어지는 건 아니었다. 앞에서 이야기했지만 나는 홈스테이 부모님들에게 사랑받기 위해 교회를 다니고 말씀을 읽고 찬양했다. 하지만 진정으로 외로움과 두려움을 극복하게 된 시기는 하나님을 품고 인지하고 의식하고 경외하며 따르기 시작했을 때였다. 외로움과 두려움에 찌들어 아무도 없는 곳에서 홀로 모든 걸 하나님께 고백하고 내려놓았던 날, 그

때 비로소 하나님의 임재를 느낄 수 있었다.

처음으로 마음의 평온을 체험했다. 그 순간만큼은 외롭지도 두렵지도 불안하지도 않았다. 내게 필요한 시간이었다. 그래서 지금 많은 사람들에게 '홀로 있는 시간을 마련해 하나님을 찾아보라'고 이야기한다. 나만 하나님을 바라보면 되는 것이다. 나만 하나님께 집중하면 된다.

물론 쉽지 않았다. 지금도 쉽지 않다. 가만히 앉아 하나님과 시간을 보내려고 하면 왜 이렇게 나의 생각이 앞서고, 쓸데없는 생각이 떠오르는지…. 여전히 노력이 필요한 시간이다. 사실 이 시간은 우리에게 주어진 선물이자 은혜다. 그러나 그 시간은 내가 '만들어내야' 한다. 세상을 잠시 차단하고 온전히 하나님께 집중할 수 있는 환경을 만드는 것은 나의 몫이다.

나는 하나님의 빠른 기도 응답에만 목매고 있다가 정작 하나님의 사랑을 인지하지 못했다. 그래서 그렇게 외롭고 두려웠나 보다. 하지만 하나님은 여러 번 신호를 주셨다. 새벽 기도와 성경 공부, 그리고 홈스테이 부모님들이 불러주신 찬양은 하나님께서 나와 함께하시고자 했던 사랑의 신호였다. 이를 깨닫는 데 많은 시간이 걸렸다. 하나님의 보호하심과 응답을 구하면서 하나님께 집중하지 않는 것은 마치 질문을 던지고 답을 듣기도 전에 가버리는 것과 같다.

우리는 흔히 세상에서 이런 이야기를 듣는다. "꾸준하게 해야 성공한다. 무조건 시작부터 하고 생각하자. 계속 관심을 두고 관찰해야 한다. 기회를 놓치면 안 된다!" 하나님과의 관계도 마찬가지다. 가만히 있으면 관계가 결코 좋아질 수 없다. 우리를 향한 하나님의 사랑은 절대 변하지 않겠지만 God is love, 하나님을 향한 우리의 사랑은 과연 어떨까?

무조건
하나님을
우선순위로 둔다면?:
'하둘시 챌린지'
(하나님과 둘만의 시간)

세상은 이렇게 이야기한다. "포기하지 말아야 한다. 이득이 있어야 한다. 손해 보는 건 안 된다. 용서해서는 안 된다. 1등이 최고다. 자존심을 지켜야 한다. 외모를 가꿔야 한다. 평가는 중요하다. 발전해야 한다." 뭐든 열심히 하는 나에게 이와 같은 조언들은 숨통을 조여왔다. 충족하지 못할 때는 상처 입고 좌절하기도 했다. 무시하고 싶어도 끊임없이 들리는 세상의 목소리에 계속 설득당하고 세뇌되었다.

난 이때도 크리스천이었는데 왜 이렇게 흔들렸던 것일까? 귀와 눈을 막을 용기가 필요했다. 온전히 나와 하나님 둘만의 시간이 필요했다. 이런 용기를 얻기 위해 기도했고, 또 간절히 원했다.

그리고 이 시간을 오롯이 하나님께 드리기 위해 노력했다. 머리부터 발끝까지 느껴지는 모든 신경은 물론, 매 순간 떠오르는 생각과 마음가짐을 전부 하나님께 향했다. 눈은 성경 말씀으로, 귀는 찬양으로 채웠다.

이 세상이 주는 선물이 너무 달콤하고 욕심나서 전적으로 하나님께 집중하는 것이 불가능하리란 생각이 들기도 했다. 하지만 하나님을 내 삶의 주인으로 인정하면서 하루 종일 하나님만 생각하고 하나님 중심으로 사는 삶은 어떨지 궁금했다. 단 한 번도 자신 있게 내 모든 시간과 공간을 내놓은 적이 없었기에 새로운 도전을 해보았다. 이번 책을 집필하면서 아주 작정하고 내 모든 것을 하나님께 내려놓은 채 온종일 하나님 중심으로 살아보았다.

그 어떤 핑계도 대지 않았다. 하나님을 우선순위로 두었다. 새벽에 눈뜨자마자 기도를 드리고 성경 묵상과 찬양으로 하루를 시작했다. 씻으면서 기도했고, 출근길에도 찬양과 기도에 집중했다. 업무 시작 전과 업무 도중에도 기도했다. 아주 작은 일에도 모두 하나님의 뜻을 먼저 구하고 내 일을 공유했다. 점심 시간에는 성경을 묵상했고 말씀을 기억했다. 퇴근 전 업무를 마칠 때 감사 기도를 드렸고, 퇴근길에는 말씀과 찬양으로 마음을 채웠다. 잠들기 전에도 찬양과 기도로 하루를 마무리했다. 이보다 더 중요한 일은 없었다. 제대로 결심하고 하나님께 빠져보았다.

나의 삶은 어떻게 달라질 수 있을까? 정말 모든 걸 주께 내려놓으면, 종일 하나님 말씀을 중심으로 살아간다면 어떤 변화가 찾아올지 궁금했다. 하나님을 시험한 건 아니었다. 나 자신을 시험했다. 살면서 단 한 번도 온전히 하나님께 빠져 있던 적이 없었다. 주일에 교회를 가고 찬양을 좋아했을 뿐, 하나님을 최우선으로 둔 적은 없는 것 같았기에 이 시험은 큰 의미가 있었다.

처음에는 굳게 다짐한 덕에 힘들지 않았다. 그러나 첫 주가 지나자 역시 이 세상 유혹에 흔들려 초점이 흐려지는 나를 발견했다. 예상치 못한 시험을 이겨내야 했고, 사람들과의 관계마저 흔들렸다. 여러 번 정신을 차려야 했다.

이렇게 한 주일, 또 한 주일 시간이 흘렀다. 비록 1시간 내내 쉬지 않고 기도드린 건 아니지만, 1시간 이상 하나님과 멀어지지 않았다. 이렇게 하나님을 우선으로 둔 나의 삶은 어떻게 달라졌을까? 변화를 글로 표현하자니 쉽지 않다. 하지만 바쁜 세상을 살아가는 중에도 하나님께 전적으로 집중하는 것이 불가능한 일은 아니라는 사실을 깨달았다. 오히려 그 반대였다. 막상 해보니 하나님께 집중하면 집중할수록 오히려 이전과 같은 시선으로 이 세상을 바라보는 것이 불가능했다.

일단 내 모든 생각, 관점, 기준, 취향이 바뀌기 시작했다. 분명 같은 공간, 같은 사람들, 같은 일정, 같은 환경임에도 '나'는 달라져 있었다. 중요하게 여기던 것들은 이제 가치가 없어졌고, 삶의 우선순위마저 바뀌었다. 그뿐인가? 기도 제목도 달라졌다. 원하는 것이 달라졌고, 욕심은 적어졌고, 마음에 자리 잡고 있던 걱정거리도 무슨 일인지 눈 녹듯 사라졌다.

이 챌린지를 진행하면서 (가장 어려웠지만) 꼭 실천했던 세 가지가 있다.

1. 기도를 습관화하기. 이게 어려웠다는 것은 그만큼 기도할 시간이 부족했음을 의미한다. 평소 필요할 때만 기도하다 보니 기도를 해야 한다고 마음먹지 않으면 까먹기 일쑤였다. 틈날 때마다 기도드리고 싶었지만 세상일에 집중하느라 하나님을 계속 잊었다. 이때 처음 알게 되었다. 평소 이렇게까지 하나님을 뒷전에 모셨다는 걸. 그래서 메모지에 '기도하기!'라고 적어 노트북 가장자리 잘 보이는 곳에 붙였다. 매 순간 기도드리는 것을 잊지 않으려고 노력해야 했다.

2. 집중하기. 하나님께 집중하는 시간이 많아질수록 시험은 더욱 강해졌다. 평소에는 전혀 문제 되지 않는 일들이 집중력을 방해했고, 때로는 대단히 행복하고 즐거운 일들이 나를 유혹했다. 유혹으로 흔들릴 때마다 "김유진, 정신차리자!"라고 외치며 다시 하나님께 집중했다. 참 신기했다. 사탄은 어떻게 나를 유혹해야 하는지 정확하게 알았다. 당신이 만약 챌린지를 한다면, 단언컨대

상상도 못한 일을 많이 겪게 될 것이다. 놀라지 말자. 주님께 더 집중할 수 있도록 훈련하는 과정이다.

3. 변화를 인지하고 삶에 적용하기. 성경 말씀 그대로 사는 것이다. 하나님을 경외하고 그토록 미워했던 사람을 사랑으로 품을 수 있는 마음을 준비해야 했다. 쉬지 않고 기도하고 감사했다. 성령을 따라 행했고 헛된 영광을 구하지 않았으며 말씀을 따라 절제했다. 십계명도 진지하게 삶에 적용했다. 물론 그대로 실천했다면 거짓말이다. 하지만 성경 말씀을 잊지 않고 삶에 적용하려 하는 나의 모습, 그 자체가 큰 변화였다.

처음에는 당연히 어려웠다. 하지만 어려웠던 이유는 간단했다. 원하는 게 너무 많았기 때문이었다. 챌린지를 하면서 내게 이득이 되는 것만 생각하고 찾게 되는 나를 발견했다. 욕심과 만족감을 채우기 위해 하나님께 구하는 것이 많았다. 그러나 점차 변해갔다. 기도와 성경 공부를 통해 하나님을 알고 그의 사랑을 삶에 채우니 내 희망사항, 소원, 내가 추구하는 방식의 삶이 더는 중요하지 않아졌다. 하나님께 집중하면서 내면의 평온함과 여유로움이 생겼기 때문이다. 무슨 이유든 간에 과거 중요하게 생각했던 것이 이제 중요하지 않게 되는 변화를 느낀 것이다. 믿음은 들음에서 난다고 했다. 정말 그랬다. 틈이 날 때마다 설교 말씀을 들었더니 나와 하나님의 관계는 달라질 수밖에 없었다. "모든 성경은 하나님의 감동으로 된 것으로 교훈과 책망과 바르게 함과 의로 교육하기에 유익하니 이는 하나님의 사람으로 온전하게 하며 모든 선한 일을 행할 능력을 갖추게 하려 함이라"[디모데후서 3:16-17]고 하셨다. 정말 그랬다. 성경을 알수록 나는 변할 수밖에 없었다.

이 챌린지로 나의 내면은 점점 강해졌다. 그 어떤 거대한 파도가 몰아쳐도 이겨낼 수 있다는 자신감이 생겼다. 하나님만이 내 삶의 주인이심을 몸소 체험한 것이다. 여기서 오해하면 안 되는 게 있다! 아무런 걱정과 고민도 없이 비현실적으로 산다는 의미가 아니다. 이 세상에 살면서 피할 수 없는 걸림돌들이 있는 건 당연하다. 다만 기존에는 해결 방안을 찾느라 혼자만의 생각에 잠기는 시간이 많았다면 이제는 당당히 하나님을 먼저 찾는 습관이 생겼다. "이걸 어떻게 해결하지?"가 아니라 "하나님! 이거 어떻게 해결하면 좋을까요?"라고 주저 없이 묻게 되었다.

세상을 보는 관점도 바뀌었다. 분명 속상한 일인데, 분명 화가 날 일인데, 평소 같으면 문제 삼았을 일인데도 그 일을 대하는 마음가짐이 달라졌다. '나는 하나님이 계셔서 괜찮아' 또는 '하나님께 가져가자'라는 마음이 중심에 자리 잡자 삶의 의미가 달라지고 현재 누리고 있는 것들에 대한 즐거움과 감사함이 끊이지 않았다. 가장 큰 변화는 문제를 접하는 내 태도였다. 어찌 된 일인지 하나님께 구하기 전에 이미 성경 말씀대로 문제들을 풀어나가고 있었다!

　요즘 사람들이 제일 많이 시도하는 챌린지가 바로 '미라클 모닝'이라고 한다. 그냥 아침에 눈만 뜨는 챌린지가 아닌, 아침 일찍 일어나 하나님부터 찾는 시간을 가져보면 어떨까? 그 즐거움을 적극 활용해 새벽 시간 하나님과 시간을 보내는 것이다! 개개인에 따라 새벽 기상이 유독 힘든 사람도 있을 것이다. 그때는 '1시간 이상 하나님과 멀어지지 않는 챌린지'를 한번 시도해보자. 일명 '하둘시(하나님과 둘만의 시간) 챌린지'다. 상상 이상의 변화를 느낄 수 있을 것이다.

크리스천의
향기

　성경 말씀을 통독해 유튜브에 올리는 한 청년이 있다. 그는 단 하루도 빠짐없이 매일 아침 개인 SNS에 성경 말씀을 공유했다. 나는 그 노력과 사역에 큰 도전을 받았다. 이 청년을 통해 하나님 의 사랑을 더 적극적으로 알릴 수 있는 방법을 배웠다.

　"참 대단하세요!" 나의 칭찬에 그는 겸손한 자세로 "당연한 일 인걸요!"라고 대답했다. 이어서 내가 "어떻게 생각하실지 모르겠 지만, 마치 하나님께서 보고 배우라고 하시는 것 같네요"라고 하 자 그는 깜짝 놀란 필치로 "네!!??ㅋㅋㅋ"라고 답했다.

　누가 봐도 대단해 보이는 행위였지만 정작 그 자신은 몰랐던 것이다. 그렇다. 우리의 행동이 다른 사람들에게 끼치는 영향이 얼마나 큰지 잘 인지하지 못할 때가 있다. 나 역시 여러 간증 영상을 공유하면서 많은 구독자들이 "하나님을 다시 섬기게 되었다", "교회에 다시 나가게 되었다", "큰 울림과 은혜를 받았다"고 할 때마다 의문을 품었다.

'내가 뭘 했다고?'

우리의 작고 큰 행동들 모두 주님께 쓰임받을 때가 있다. 물론 여러 곳에 간증을 다니며 하나님 사랑을 전하는 나의 사역은 누가 봐도 '주님이 쓰고 계신다'고 보이겠지만, 때로는 나도 모르는 사이 성령님께서 은밀하게 주변 사람들의 마음을 움직이실 때가 있다.

브이로그나 다른 사람들의 영상을 보며 자극을 얻고 동기부여를 받는 것처럼 신앙도 마찬가지다. 꼭 지인을 교회로 데리고 가야만 복음을 전하는 데 성공한 것이 아니다. 21만 명이 넘는 구독자와 독자들이 변화하는 모습을 보며, 우리의 작고 큰 행동들이 얼마나 많은 사람들에게 영향을 끼치는지 직접 경험했다.

난 인플루언서Influencer라는 말의 의미를 그 뜻과 동일하게 사용하고 싶었다. 내 영상을 보고 내가 쓰는 화장품을 따라 구입하고, 내가 메고 있는 가방을 따라 메고, 내가 읽는 책을 따라서 읽는다면 크리스천으로서 나의 향기도 영상을 통해 전할 수 있지 않을까? 새벽에 기상하자마자 침대에서 나오기도 전에 기도하는 내 모습이 많은 청년들에게 영향을 주었다고 한다. 이뿐 아니다. 점심 시간에 성경 공부를 하는 모습, 퇴근 후 찬양과 예배를 드리는 모습은 물론 나도 모르게 서슴없이 하나님을 이야기하는 모습 등 의도하지 않았지만 크리스천의 색을 나타내는 수많은 모습이 그 누군가의 마음을 뛰게 할지도 모른다!

이것을 시작으로 브이로그를 본 많은 청년들이 내 행동을 따라 하게끔 만들고 싶었다. 단순히 점심 시간을 활용해 시작한 영상 편집을 이렇게 하나님께 영광 돌릴 수 있는 일에 활용하게 될 줄이야! 취미로 시작한 집필이 이렇게 하나님께 쓰임받을 수 있을 줄이야!

누군가 직접 이야기해주지 않으면 (혹 이야기해주더라도) 믿기 어렵겠지만, 지금 이 책을 읽는 독자들도 마찬가지로 누군가에게 힘이 되고 자극이 되고 있음을 잊지 않으면 좋겠다. 열심히 하고 있지만 쓰임받지는 못한다고 생각하면 안 된다. '부족해서 쓰임받지 못한다'는 말은 성경 어디에도 없다. 하나님께 영광 돌릴 수 있는 방법을 찾는다면, 혹은 누군가를 전도하고자 하는 마음이 간절하다면 방법은 정말 여러 가지임을 알려주고 싶다. 무언가 직접적으로 내세우기 위해 노력하지 않아도, 단지 크리스천의 향기를 풍기는 것만으로 주변 사람들의 마음을 움직일 수 있다.

《어웨이크》를 집필하면서 주님께서 얼마나 자랑스럽고 기뻐하실지 상상해보았습니다.

주님의 일을 하겠다고 약속한 지 어느덧 2년이 넘었습니다.

간증하라는 마음을 주셨을 때는 두려움이 앞섰습니다.

'제가요?'라고 의문을 품으며 머뭇대던 내 모습이 생생합니다.

그러나 수많은 청년들이 보내오는 이메일과 상담 요청을 통해 주님은 보여주셨습니다. 그리고 깨달았습니다. '아, 이 친구들이 하나님이 주시는 선물을 찾을 수 있도록 도와야겠구나!' 그 마음 하나로 집필에 임했습니다. 비록 이런 마음가짐을 다지기까지 큰 용기가 필요했지만, 주님의 손을 잡고 걷다 보니 더는 두려움을 느낄 수 없었습니다.

책을 마무리하면서도 아직 전하고 싶은 말이 많습니다. 보통 글을 쓸 때는 '무슨 이야기를 담을까?' 하는 고민으로 온종일 컴퓨터 앞에 멍하니 앉아 있는 때가 많았습니다. 하지만 이 책을 쓰는 과정에서는 오히려 전할 말이 너무 많아 '무슨 이야기를 먼저 할까?' 고민할 정도였습니다.

그만큼 주님의 사랑은 한없이 넘치고 끝이 없습니다.

이 책을 통한 주님의 움직이심이 정말 기대됩니다. 제가 할 일은 여기까지입니다. 아니, 사실 한 건 아무것도 없습니다. 모두 하나님께서 계획하고 채워주셨습니다. 주님께서 직접 독자들 한 분한 분의 마음을 움직이실 것이라 믿습니다.

《어웨이크》를 잘 마무리할 수 있도록 기도해주신 목사님, 전도사님, 수많은 크리스천 구독자 여러분, 그 외 사역자님들 정말 감사합니다. 함께 기도하며 주님의 부르심을 의심하지 않고 믿어준 우리 가족에게도 감사합니다. 마지막으로, 이 책의 출판이 실현될 수 있도록 도움 주신 미래엔 출판사에도 감사함을 표하고 싶습니다.

그리고 이 모든 영광을 하나님께 드립니다.

감사합니다.

어웨이크

초판 1쇄 발행 2022년 9월 20일 | 초판 3쇄 발행 2022년 9월 30일

지은이 김유진

펴낸이 신광수
CS본부장 강윤구 | 출판개발실장 위귀영 | 출판영업실장 백주현 | 디자인실장 손현지
단행본개발팀 권병규, 조문채, 정혜리
출판디자인팀 최진아, 당승근 | 저작권 김마이, 이아람
채널영업팀 이용복, 우광일, 김선영, 이채빈, 이강원, 강신구, 박세화, 김종민, 정재옥, 이태영, 전지현
출판영업팀 민현기, 최재용, 신지애, 정슬기, 허성배, 설유상, 정유
영업관리파트 홍주희, 이기준, 정은정, 이용준, 정보길
CS지원팀 강승훈, 봉대중, 이주연, 이형배, 이우성, 전효정, 이은비, 장현우

펴낸곳 (주)미래엔 | 등록 1950년 11월 1일(제16-67호)
주소 06532 서울시 서초구 신반포로 321
미래엔 고객센터 1800-8890
팩스 (02)541-8249 | 이메일 bookfolio@mirae-n.com
홈페이지 www.mirae-n.com

ISBN 979-11-6841-260-6 (03230)

북폴리오는 참신한 시각, 독창적인 아이디어를 환영합니다.
기획 취지와 개요, 연락처를 bookfolio@mirae-n.com으로 보내주십시오.
북폴리오와 함께 새로운 문화를 창조할 여러분의 많은 투고를 기다립니다.